시로 풀어쓴 **명심보감**

시로 풀어쓴 **명심보감**

초판 인쇄 2017년 5월 2일
초판 발행 2017년 5월 8일

지은이 추적
엮은이 전재동
펴낸이 박찬후
기획 성기덕
편집 박민정
디자인 김은정

펴낸곳 북허브
등록일 2008. 9. 1.

주소 서울시 구로구 중앙로 27다길 16
전화 02-3281-2778
팩스 02-3281-2768
이메일 book_herb@naver.com
카페 http://cafe.naver.com/book_herb

* 잘못된 책은 구입하신 서점에서 바꿔 드립니다.

값 14,000원
ISBN 978-89-94938-31-8(03140)

추적 지음 · 전재동 편역

시로
풀어쓴

명심보감

북허브

머리말

　『명심보감(明心寶鑑)』은 '마음을 밝혀 주는 보배로운 거울'이라는 의미의 책 제목이 그대로 드러내듯이 교육용 훈화집이다. 몸은 순리를 따르면 건강하고, 마음은 진리를 따르면 만고에도 평안을 누린다. 『명심보감』은 한문을 사용하던 시대의 책으로, 먼저 한문을 익힌 다음 의와 덕을 쌓기에 알맞도록 항목별로 정리되었다.

　『명심보감』은 이미 간행된 여러 전적에서 마음의 양식이 될 만한 것들을 골라 엮은 책이다. 그래서 그 문장이나 내용에 통일감이 없다고 느껴질 수 있으나 교육적인 내용을 담은 명담, 격언 등 하나하나가 독자적인 진리와 덕을 담고 있는 것이 특징이라 할 수 있다. 그리고 공자·맹자 등 유교의 성현, 장자·노자 등 도가의 사상가, 태공·사마광 등 정치가, 유비·당태종·송휘중 등 제왕, 도연명 등 문인, 주돈이·정호·정이·주희 등 송나라의 성리학자, 동악성제·재동 제군 등 신선에 이르기까지 인용되는 인물이 매우 광범위하다. 게다가 다른 책에서는 찾아볼 수 없는 귀신 이야기가 포함되는 등 잡다하다고 할 만큼 다양한 내용을 담고 있으며 수많은 금언, 격언, 좌우명도 볼 수 있다.

　『명심보감』은 초략본 19편에 증보 5편으로 구성되어 있다. 초략본이란 말은 원본이 따로 있다는 의미인데, 초략본에는 길고 짧은 문장 262장이 담겨 있고 증보 5편에 20장이 더 있다.

『명심보감』에 인용된 저작물은 중국 최초의 시집인『시경』, 최초의 정부 문서인『서경』, 점술 철학서인『주역』, 공자의 어록집인『논어』, 각종 예의를 다룬『예기』, 역사서인『사기』와『한서』, 도가 계열의『소서』, 아동 학습서인『동몽훈』, 안씨 가훈, 송대의 도사록과 성리서, 송나라 소옹이 엮은 시집인『이천격양집』, 민간의 기담을 엮은『설원』, 『이견지』, 그리고 지금은 남아 있지 않은『경행록』, 『익지서』등이다. 이처럼 수많은 책에서 교훈이 될 만한 것만 골라서 엮었으니 얼마나 영양가 풍부한 교훈집이 되었겠는가. 따라서『명심보감』은 1300년 이래로 가정에서 자녀 교육용 교재로 쓰이고, 서당에서는『천자문』다음으로『동몽선습』과『명심보감』을 가르쳤다.

『명심보감』이 저술된 시기는 확실치 않으나 1298년 이후 20년 이내에 고려의 문신 추적(秋適)이 쓴 것으로 보인다. 한편 중국 명나라 초기의 범립본(范立本)이 1393년에『명심보감』을 엮었다는 설이 있는데, 범립본은 추적보다 거의 90~100년이나 뒤늦은 인물이다. 대구의 『인흥제사본』을 엮은 이가 추적이라 했는데, 그 뒤에 성균관대학교의 이우성 교수가 청주판『신간 교정대자 명심보감』을 발견하여 범립본이 편찬인이라 했다. 원본은 범립본이 편찬했고 추적이 그 원본을 새롭게 엮은 초략본을 냈다고 주장하는 이가 있지만, 추적과 범립본의 활동 연대를 고려하면 이는 앞뒤가 맞지 않다. 그러므로『명심보감』을 편찬한 사람은 추적이고, 범립본이 그 뒤에『명심보감』에 손을 댔다고 보아야 할 것이다.

『명심보감』은 고려 말 원나라의 간섭을 받으며 고통을 겪던 시절에 백성을 올바르게 가르치는 겨레의 스승 역할을 했다. 지난 700여 년 동안 한민족의 마음을 밝혀 준 지성과 덕망의 교과서『명심보감』! 이 책을 엮은 추적의 업적은 높이 평가받아 마땅하다.

필자는 수십 년간 서울 강남구의 구립 청소년 독서실에서『명심보감』을 강의했던 경험을 바탕으로 이 책을 펴내게 되었다. 그 독서실 앞마당에 필자의 시비(詩碑)가 세워진 것은 지금 생각해도 뿌듯하고 자랑스럽다.

아직도『명심보감』으로 자녀를 가르치는 현명한 부모가 많을 것이다.『명심보감』은 부모와 자녀 간, 친구 간, 그리고 사회에서의 인간관계를 품위 있게 가르치는 교재로 손색이 없다. 시대의 변천으로 간혹 어떤 구절은 무용지물처럼 여겨지는 것도 있을 테지만,『명심보감』은 영원히 인간 윤리의 교과서로 남을 만한 가치를 지녔다.

저자에 대하여

　양지(陽智) 추씨의 시조인 추적(秋適)은 호가 노당(露當)이며, 고려 25대 충렬왕 초기에 과거에 급제하여 안동서기, 직사관, 좌사간 벼슬을 거쳤다. 충렬왕 2년에 고려는 원나라의 집요한 간섭으로 실질적인 속국이 되어 정부 조직과 관직 등을 원나라를 따라 바꿨다. 또한 황제의 직위도 조(祖), 종(宗)에서 왕으로 고치고, 더욱이 충렬왕부터 30대 군주까지 충렬왕, 충선왕, 충숙왕, 충혜왕, 충정왕 등 원나라에 충성을 다하라는 뜻으로 '충(忠)' 자를 넣게 되었다. 그러다 31대 공민왕이 고려의 주권을 회복하면서 '충' 자를 쓰지 않았다.

　추적이 살던 시대는 원나라의 간섭이 시작될 무렵으로, 원의 부마국이 된 고려의 백성은 실로 큰 고통을 겪었다. 원은 일본 정벌을 꿈꾸고 고려를 이용했으나 1, 2차 정벌이 모두 태풍으로 실패하고 말았다. 이때 고려는 원의 뒷바라지를 하다 국토가 초토화되고 극도의 위기에 빠졌다. 한편으로 삼별초의 항몽 투쟁은 탐라까지 이어졌으나 원이 탐라를 정복한 후 이름을 제주도로 바꿨다.

　추적이 벼슬살이를 하던 때는 충렬왕의 재위 기간(1274~1308년)으로 고려는 국정 혼란에 빠진 상태였다. 1298년 환관 황석량이 권세를 이용하여 자신의 고향인 충남 당진군 합덕부곡을 현으로 승격하려

할 때 추적이 서명을 거절한 일이 있었는데, 황석량이 이에 앙심을 품고 참소하여 추적이 순마소에 투옥되었다.

이때 호송하던 사람이 추적에게 "지름길로 가는 것이 좋겠습니다."라고 했지만 추적은 이를 거절하면서 이렇게 말했다. "무릇 죄가 있으면 해당 관청으로 가는 법이다. 왕의 처소에서 칼과 철쇄를 씌우는 일은 없으니 나는 마땅히 네거리로 지나가서 나라 사람들에게 내 모양을 보이겠다." 간관(諫官)으로서 칼을 쓰고 가는 것이 오히려 영광이라는 의미로, 그의 대쪽 같은 성품이 드러난 일화이다.

이후 추적은 다행히 풀려나와 북계 용주의 수령을 역임했다. 충렬왕 말년에는 안향의 발탁으로 이성, 최원충 등과 함께 7품 이하의 관리나 생원 등의 유학 교육을 담당했는데, 이때 추적은『명심보감』을 편찬하여 교재로 사용했다. 추적은 민부상서, 예문관제학에 이르러 치사(致仕)했다. 이처럼 높은 직위에까지 올랐으나 추적은 손님을 접대할 때는 쌀밥에 생선이면 충분하다고 할 만큼 검소하고 청렴했다. 이런 검소한 생활 태도는『명심보감』의 근본정신을 이룬다. 또한 추적은 임금의 잘못을 지적하는 좌사간을 지냈을 만큼 공명정대하고 인품이 고매했다.

『명심보감』이 편찬되고 시간이 많이 흘러 21세기가 되었지만, 지금도 자녀가 바른 삶을 살아가도록 잘 가르치고 이끌어 주는 추적과 같은 존재가 필요한 시대이다. 이러한 때 필자는『명심보감』을 가르치던 그 마음으로 3연 4행의 시 형식으로 각색하고 주해를 곁들여 세상에 내놓는다.

차례

서시

마음을 밝히는 보배로운 거울을
마음 앞에 걸어 두고
아침저녁 한 번씩 들여다보자.
내 자신의 마음속은 어둡지 않은지.

사랑의 빛으로 밝게 비추자.
사랑의 불빛 하나 없는 암흑세계는
저주와 미움으로 캄캄하여
자신도 허덕이다 쓰러질 때 어쩌랴!

믿음의 빛으로 환하게 인생을 살자.
믿음이 사라진 의심의 안개 속을
끝없이 헤매는 불행한 삶에서
속히 벗어나 참 믿음으로 밝게 살자.

소망의 빛이 찬란한 내일을 향해
오늘을 기도하고 자신을 가누며 살자.
희망의 불빛 없는 황량한 어둠 속을
속히 벗어나 소망을 향해 달려가자.

『명심보감』으로 빛을 내는 생활을 하면
밝은 마음 밝은 삶이 내 시간 속을 비추어
소망과 믿음과 사랑으로 오늘을 살자.
밝은 마음은 착하고 아름다움으로 넘친다.

여백이 있는 시간을 찾아
고독 속에서 사랑을 만나고
어둠 속에서 빛을 찾자.
찬란한 빛 속에서 밝은 마음으로 살자.

제1편

계선편繼善篇

착함을 이어 가려고 오늘도 기도한다.
한 번 착하기는 쉬어도 늘 이어 착한 것은
착함을 사랑해야만 가능한 일이다.
착한 삶이 얼마나 소중한가를 알아야 한다.

착함은 삶의 완전한 얼굴이다.
그 완전함은 언제나 상처받고
앓고 난 뒤에 다시 찾은 건강처럼
사람을 보다 착하게 일어서게 하는 힘

그 힘은 하나님이 주시는 축복에 있다.
사람 자신이 완전할 수도 변치 않는 착함도
전혀 안 될 때 선함은 믿음으로 지키고
영원한 믿음과 사랑으로 착함을 지켜 이어 간다.

1-1

착하게 살면 하나님이 축복하시고
못된 짓 하면 하나님이 심판하신다.
착함은 하나님을 믿는 데에서 비롯되고
악함은 하나님을 믿지 못하는 데에서 비롯된다.

공자님 가르침이라 하나님을 두려워하고
세상을 얕보고 제멋대로 살면 벌 받는다.
하나님은 사람을 사랑하셔서
죄와 사망에서 구원할 길을 주셨다.

구원의 길은 착하게 믿음으로 살며
하나님을 두려워하는 마음가짐으로
진실한 사랑과 소망을 가지고
참 믿음을 지키면서 살아가는 것이다.

子曰 爲善者는 天報之以福하고 爲不善者는 天報之以禍니라.
자왈 위선자   천보지이복   위불선자   천보지이화

• 子曰(자왈) : 공자님이 말씀하셨다.
• 爲善者(위선자) : 착하게 사는 사람, 착한 일을 하는 사람.
• 報之(보지) : 보답하다, 갚아 주다.
• 공자는 중국 춘추 시대의 사상가이자 학자로 기원전 551년에 태어나 기원전 479년에 세상을 떠났다. 이름은 구(丘), 자는 중니(仲尼)이며, 제자들과 주유천하하다 68세부터 노나라에서 제자들을 가르쳤다. 정치와 윤리의 이상으로 인(仁)을 강조했으며, 제자들이 엮은 『논어』에 그의 언행과 사상이 잘 나타나 있다.

한나라의 소열제가 임종할 무렵에
후주에게 조칙을 내려 말했다.
착한 일은 아무리 작아도 해야 하고
악한 일은 아무리 작아도 하지 말아라.

장자가 말했다.
단 하루도 착한 생각을 하지 않으면
모든 악이 내 속에서 일어난다.
나도 모르는 사이에 악이 생긴다.

착한 일은 크든 작든 해야 하고
늘 착한 생각을 해야
악한 짓을 안 하게 된다.
사람은 스스로 완벽할 수 없다.

漢昭烈이 將終에 勅後主曰 勿以善小而不爲하고 勿以惡小而爲之하라.
한소열　장종　칙후주왈 물이선소이불위　　물이악소이위지

莊子曰 一日不念善이면 諸惡이 皆自起니라.
장자왈 일일불염선　　제악　계자기

주해

• 漢昭烈(한소열) : 중국 삼국 시대 촉한의 1대 황제로『삼국지』에 등장하는 유비이다.
• 將終(장종) : 임종할 때, 죽을 무렵.
• 後主(후주) : 유비의 아들인 유선(劉禪).
• 勿(물) : 하지 말라.
• 莊子(장자) : 중국 전국 시대 도가 사상의 중심인물로 이름은 주(周), 자는 자휴(子休)이다.
『사기』에 따르면 초나라 위왕이 재상으로 초빙했으나 거절했다고 한다.
• 念善(염선) : 착한 일을 생각하다.

1-4

태공이 말했다.

착한 일을 보면 목마름같이 다가서고

악한 말을 들으면 귀먹은 듯이 하라.

다시 말해 착한 일은 탐내고 악한 일은 즐기지 말라.

1-5

마원이 말했다.

착한 일은 죽을 때까지 해도 오히려 부족하고

악한 일은 단 하루만 해도 저절로 남아 사람을 괴롭힌다.

악은 마음에 뿌리가 되어 남기 때문이다.

1-6

사마온공이 말했다.

돈을 모아 자손에게 준다 해도 자손이 그것을 지키지 못하고

책을 남겨 준다 해도 자손이 다 읽지 못한다.

착한 일을 남 몰래 하여 자손을 위해 앞날을 계획함이 더 낫다.

太公曰 見善如渴하고 聞惡如聾하라. 又曰 善事는 須貪하고 惡事는 莫樂하라.
태공왈 견선여갈　　문악여롱　　우왈 선사　수탐　　악사　막락

馬援曰 終身行善이라도 善猶不足이요 一日行惡이라도 惡自有餘니라.
마원왈 종신행선　　선유부족　　일일행악　　악자유여

司馬溫公曰 積金以遺子孫이라도 未必子孫이 能盡守요 積書以遺子孫이라도
사마온공왈 적금이유자손　　미필자손　능진수　적서이유자손

未必子孫이 能盡讀이니 不如積陰德於冥冥之中하여 以爲子孫之計니라.
미필자손　능진독　불여적음덕어명명지중　　이위자손지계

 주해

- 太公(태공) : 주나라 초기의 정치가로 성은 강(姜), 이름은 상(尙)이다.
- 須貪(수탐) : 모름지기 탐내다.
- 馬援(마원) : 중국 후한의 장수로 자는 문연(文淵)이다.
- 司馬溫公(사마온공) : 중국 북송 때의 학자이자 정치가로 신종 초에 왕안석의 신법에 반대하여 은퇴하고, 철종 때 재상이 되자 신법을 폐하고 구법으로 통치했다.
- 未必(미필) : 반드시 ~이 아니다.

1-7 『경행록』에 이런 말이 있다.

은혜와 의리를 널리 베풀어라.

사람은 어디서든지 만난다. 누구하고도 원수 맺지 말라.

좁은 길에서 마주치면 서로 피하기 어렵다.

1-8 장자가 말했다.

내게 착하게 하면 나도 그에게 착하게 하고,

내게 악하게 하면 그래도 나는 그에게 착하게 하라.

내가 악하게 하지 않으면 누구도 내게 악하게 하지 않을 것이다.

심은 대로 거두듯

착하면 착한 대로 악하면 악한 대로 거두게 된다.

콩 심은 데 콩 나듯

착하게 살면 반드시 착한 대접 받을 것이다.

景行錄云 恩義를 廣施하라. 人生何處에 不相逢이니
경행록운 은의　광시　　　인생하처　불상봉

讐怨을 莫結하라. 路逢狹處에 難回避니라.
수원　막결　　　노봉협처　　난회피

莊子曰 於我善者라도 我亦善之하고 於我惡者라도 我亦善之니라.
장자왈 어아선자　　　아역선지　　　어아악자　　　아역선지

我旣於人에 無惡이면 人能於我에 無惡哉인저.
아기어인　무악　　　인능어아　무악재

• 景行錄(경행록) : 중국 송나라 때의 책으로 지금은 전하지 않는다. '높은 덕성, 밝은 행위를 본받아 행한다'는 의미의 윤리 교재였던 듯하다.

• 莫結(막결) : 맺지 말라.　　　　　　• 善之(선지) : 착하게 대하다.

동악성제가 훈계하여 말했다.

하루 내내 착한 일 했으면 복 받지 못한다 해도

재앙은 멀리 간 것이다.

하루 내내 못된 짓 했으면 재앙이 없어도 복은 멀어진 것이다.

착한 일 하는 사람은 봄 동산의 풀 같아서

자라는 것이 안 보여도 나날이 더해진다.

악을 행하는 사람은 칼 가는 숫돌 같아서

닳는 것이 안 보여도 나날이 닳아 없어진다.

공자님이 말씀하셨다.

착한 것을 보거든 자신의 부족함을 알고

착하지 못한 것을 보거든

끓는 물 만지듯이 하라.

東岳聖帝垂訓曰 一日行善이라도 福雖未至나 禍自遠矣요
동악성제수훈왈 일일행선　　　복수미지　　화자원의

一日行惡이라도 禍雖未至나 福自遠矣니라. 行善之人은 如春園之草하여
일일행악　　　화수미지　복자원의　　행선지인　여춘원지초

不見其長이라도 日有所增하고 行惡之人은 如磨刀之石하여
불견기장　　　일유소증　　행악지인은　여마도지석

不見其損이라도 日有所虧니라.
불견기손　　　일유소휴

子曰 見善如不及하고 見不善如探湯하라.
자왈 견선여불급　　견불선여탐탕

주해

• 東岳聖帝(동악성제) : 동악은 중국 오악 중의 하나인 태산을 말한다. 도교에서 신선으로 받드
는 동악성제는 새벽에 사당을 나와 수레를 타고 돌아다니면서 인간관계의 선악을 시찰한다.
• 所虧(소휴) : 닳는 바.
• 探湯(탐탕) : 끓는 물을 만지다.

제2편

천명편 天命篇

오늘도 하늘을 우러르며 살아간다.
하늘의 뜻에 순종하며 오늘을 살아간다.
내일도 모레도 하늘을 따라 살아간다.
인간은 하늘을 바라보며 살아간다.

하늘이 내린 명을 지키며 살아간다.
하나님의 뜻에 순종하며 살고 있다.
인간은 하늘이 펼치는 대로 따르고
그렇기에 인간의 삶이 진실해진다.

사람은 풀잎이요
인간의 영광은 그 풀의 꽃잎이 아닌가!
사랑도 소망도 믿음도
우리는 하늘을 우러러 순종하며 살아간다.

2-1 공자님이 말씀하셨다.

하나님을 순종하면 살고

하나님을 거역하면 죽는다.

하나님은 인간 세계를 섭리하신다.

2-2 소강절 선생이 말했다.

하나님은 고요하고 소리가 없는 데서도 들으시고

높푸른 하늘 어디서든지 찾아오신다.

높지도 멀지도 않은 마음속에도 계신다.

하나님은 귀보다 마음으로 들으시고

드넓은 하늘 저 끝에서도 찾아오신다.

사람의 생각도 다 아시고

사람의 길을 미리 마련해 주신다.

子曰 順天者는 存하고 逆天者는 亡이니라.
자 왈 순 천 자　 존　　 역 천 자　 망

邵康節先生曰 天聽이 寂無音이라 蒼蒼何處尋고
소 강 절 선 생 왈　천 청　 적 무 음　　 창 창 하 처 심

非高亦非遠이라 都只在人心이니라.
비 고 역 비 원　　 도 지 재 인 심

주해

• 順天者(순천자), 逆天者(역천자) : 대구법으로 표현한 것이다.

• 邵康節(소강절) : 중국 북송의 학자로 자는 요부(堯夫), 호는 안락선생(安樂先生), 시호는 강절(康節)이다. 벼슬을 하지 않고 학문만 했다.

• 天聽(천청) : 하늘이 듣다, 하나님이 듣다.

• 何處尋(하처심) : 어디든지 찾다.

• 都只(도지) : 모두 오직.

25

2-3 현제가 가르침을 내려서 말했다.
사람끼리 소근거리는 말도
하나님은 우레 소리로 들으시고 다 아신다.
어두운 방에서 마음을 속인다 해도 신의 눈은 번개 보듯 한다.

2-4 『익지서』에 이런 말이 있다.
악의 두레박이 가득 차면
하나님이 반드시 심판하여
그를 주살할 것이다.

후한 양진(楊震)의 이야기에
'천지신지아지자지(天知神知我知子知)'라는 말이 있다.
옛 민간 신앙에 악관(惡鑵), 선관(善鑵)이 있는데
사람마다 선악이 이 두레박에 담겨 심판받는 것이다.

玄帝垂訓曰 人間私語라도 天聽은 若雷하고
현제수훈왈 인간사어 　　　천청　　약뢰

暗室欺心이라도 神目은 如電이니라.
암실기심 　　　　신목　　여전

益智書云 惡鑵이 若滿이면 天必誅之니라.
익지서운 악관　약만　　천필주지

주해

- 玄帝(현제) : 도교에서 신선으로 받드는 현천상제(玄天上帝)를 말한다.
- 若雷(약뢰) : 우레처럼 크다.
- 益智書(익지서) : 중국 송나라의 책으로 지금은 전하지 않는다. 책제목은 지혜를 더한다는 의미이다.
- 惡鑵(악관) : 악의 두레박. 악행을 하면 이 두레박에 차곡차곡 쌓여 가득 차면 하늘이 심판한다는 민간 신앙에서 비롯되었다.
- 誅之(주지) : 주살하다, 벌주다.

2-5 장자가 말했다.

사람이 선하지 않은 일을 해서 이름을 떨친다면

남들이 비록 해롭게 하지 않아도

하늘이 반드시 그를 죽이고 말 것이다.

2-6 오이를 심으면 오이를 거두고

콩을 심으면 콩을 거둔다.

하늘의 그물은 넓고 넓어서 성글지만

결코 새지 않는다.

2-7 공자님이 말씀하셨다.

하늘에 죄를 지으면

빌 곳이 없다.

기도의 대상이 사라지는 것이다.

莊子曰 若人이 作不善하야 得顯名者는 人雖不害나 天必戮之니라.
장자왈 약인   작불선   득현명자   인수불해   천필육지

種瓜得瓜요 種豆得豆니 天網이 恢恢하야 疏而不漏니라.
종과득과   종두득두   천망   회회   소이불루

子曰 獲罪於天이면 無所禱也니라.
자왈 획죄어천   무소도야

주해

• 戮之(육지) : 죽이다.
• 天網(천망) : 하늘의 그물.
• 恢恢(회회) : 넓고 넓다, 성글다.
• 獲罪(획죄) : 죄를 얻다.

제3편

순명편順命篇

사람은 어리석어서 무엇이든지 다 할 수 있다고 한다.
그러나 막상 삶의 현장에서 자신이 할 수 있는 일은
지극히 작은 한 부분일 뿐임을 곧 알게 된다.
주어진 상황에서 얼마나 잘 적응하느냐가 관건이다.

하나님이 나를 향해 이미 정해 준 길을 갈 뿐이다.
그것도 하늘의 섭리를 따라서 열린 길을 가고
닫힌 길은 인간 스스로는 어쩔 수가 없다.
하나님의 뜻에 순종하는 것이 가장 좋은 길이다.

우리는 중요한 갈림길 앞에 섰을 때
쿼바디스 도미네! 주여 어디로 가시나이까?
방향을 물을 수밖에 없는 존재일 뿐이다.
내가 개척한 길인 듯하나 하늘이 주신 길일 뿐이다.

3-1
공자님이 말씀하셨다
죽고 사는 일은 하나님의 뜻에 달렸고
잘 살고 존귀하게 되는 것은 다
하나님 뜻일 뿐이다.

3-2
모든 일은 이미 정해진
분수가 있으니
덧없는 인생이 부질없이
제 스스로 바쁘기만 하구나!

사마우가 형제 없음을 푸념하자
자하가 이미 타고난 운명에 대해 말했다.
옛글 〈청평산당화본〉과
마치원이 쓴 〈악양루〉의 한 구절이다.

子曰 死生은 有命이요 富貴는 在天이니라.
자왈 사생   유명   부귀   재천

萬事分已定이어늘 浮生空自忙이니라.
만 사 분 이 정   부 생 공 자 망

- 死生(사생) : 죽고 사는 문제.
- 萬事(만사) : 〈청평산당화본(清平山堂話本)〉 합동문자기(合同文字記)에 나온 말이다. 뒤이은 문장은 원나라 때 마치원이 쓴 〈악양루(嶽陽樓)〉 1절의 "그렇다면 너는 인생이 부질없는데 저 혼자 그리 바쁜가?"를 일부 편집한 것이다.
- 已定(이정) : 이미 정해져 있다.
- 自忙(자망) : 제 스스로 바쁘다.

3-3 『경행록』에 이런 말이 있다.
닥치는 재앙은 요행으로
그냥 피해 갈 수가 없다.
놓쳐 버린 복은 다시 오지 않는다.

3-4 때가 오면 왕발을
등왕각으로 보내고
운이 떠나면 느닷없이
벼락이 천복비를 내치셨다.

살다 보면 내 뜻대로 되는 것이 없구나
탄식할 때가 있다.
송나라 때 강서성 천복사의 비석이 벼락을 맞자
왕발이 세금 거둘 생각을 버릴 수밖에 없었다.

景行錄云 禍不可以倖免이요 福不可以再求니라.
경 행 록 운 화 불 가 이 행 면   복 불 가 이 재 구

時來에 風送騰王閣이요 運退에 雷轟薦福碑라.
시 래   풍 송 등 왕 각   운 퇴   뇌 굉 천 복 비

주해 ·

• 倖免(행면) : 요행으로 면하다.
• 風送(풍송) : 바람이 보내 주다.
• 騰王閣(등왕각) : 당나라 고조 이연의 아들인 등왕 이원영이 홍주도독을 지낼 때 지은 누각으로 장시 성 난창에 있다.
• 雷轟(뇌굉) : 우레 울고 벼락 치다.
• 왕발(王勃)은 중국 당나라 초기의 시인으로 자는 자안(子安)이다. 노조린, 낙빈왕, 양형과 함께 초당 사걸에 꼽히며, 특히 오언 절구에 뛰어났다.

3-5

열자가 말했다.

귀먹고 말 못하는 천치라도

집이 잘살고 넉넉한 이가 있고

슬기롭고 똑똑해도 뜻밖에 가난한 이가 있다.

태어날 때 연월일시가

다 정해져 있다.

그와 같이 사람 사는 이치도

내 뜻이 아닌 이미 정해진 명이 있다.

내 잘난 것으로 사람 명이

정해지는 것이 아니라

타고난 그대로

하나님의 뜻으로 결정된 대로 산다.

列子曰 痴聾痼啞도 家豪富요 智慧聰明도 却受貧이라.
열자왈 치롱고아   가호부   지혜총명   각수빈

年月日時該載定하니 算來由命不由人이라.
연월일시해재정   산래유명불유인

- 列子(열자) : 중국 전국 시대의 사상가로 이름은 어구(禦寇)이다. 기원전 400년경에 활동한
  듯하며, 그가 지은 『열자』는 위진 시대의 장담(張湛)이 난리 중에 흩어진 단편들을 수집·복원
  하여 남긴 것이라 한다.
- 痴聾(치롱) : 천치에 귀머거리인 사람.
- 却(각) : 도리어.
- 由命(유명) : 운명에 달려 있다.

제4편

효행편 孝行篇

천 리나 떠나 달빛 창가에서
늙고 병든 백네 살 어머님 떠올라
눈물 젖은 가슴 맨손으로 닦으며
낳아서 길러 주신 은혜를 하염없이 생각한다.

이미 세상 떠나신 아버님의 그 인자한 모습이
저 산보다 높이 늘 내 마음에 머무는데
잊을 수 없는 그리움은 내 마음속 샘터가 되고
그 말간 추억이 내 마음 적시고 있구나.

이 몸도 구순을 바라보는 늘그막에
때로는 운신이 힘겨워도 그리운 어버이
내 몸속 그 숨결마다 어버이 얼굴 살아 계시니
날이 갈수록 더욱 새롭게 다가오는 뜨거운 생각뿐이네.

4-1 『시경』에 이런 구절이 있다.

아버지는 나를 낳으시고
어머니는 나를 기르셨다.
생각하면 애달픈 어버이시여.

나를 낳아 기르시느라 애쓴
그 한없는 은덕, 그 깊은 은혜를
어찌 다 갚을 수 있으리오.
그 넓은 은혜 하늘처럼 끝이 없네.

4-2 공자님이 말씀하셨다.

효자는 어버이 살아 계실 때 공경을 다하고,
봉양에 즐거움을 다하고, 병나시면 근심을 다하고,
돌아가시면 슬픔을 다하고, 제사에는 엄숙함을 다한다.

詩曰 父兮生我하시고 母兮鞠我하시니 哀哀父母여 生我劬勞이로다.
시왈 부혜생아   모혜국아   애애부모   생아구로

欲報深恩인데 昊天罔極이로다.
욕보심은   호천망극

子曰 孝子之事親也에 居則致其敬하고 養則致其樂하고
자왈 효자지사친야   거칙치기경   양칙치기락

病則致其憂하고 喪則致其哀하고 祭則致其嚴이니라.
병칙치기우   상칙치기애   제칙치기엄

주해

• 詩經(시경) : 중국에서 가장 오래된 시집으로 공자가 편찬했다고 전해지나 확실치 않다. 주나라 초부터 춘추 시대까지의 시 311편을 풍(風), 아(雅), 송(頌)의 세 부문으로 나누어 수록했는데 오늘날 전하는 것은 305편이다.
• 劬勞(구로) : 애쓰고 고생하다.
• 罔極(망극) : 끝이 없다.   • 致(치) : 최선을 다하다.

4-3
공자님이 말씀하셨다.
어버이 살아 계실 때는 멀리 가지 않고
집을 나설 때는 가는 곳을
꼭 알려 드려야 한다.

4-4
공자님이 말씀하셨다.
아버지가 부르실 때는 "예" 하고 얼른 대답하고
입안에 음식 있으면
뱉어 내고 대답해야 한다.

어버이 모시고 살면서
집에 있을 때는 공경하고
외출할 때는 어디 간다고 반드시 말씀드려라.
부르실 때는 재빨리 대답해야 한다.

子曰 父母在어시든 不遠遊하며 遊必有方이니라.
자왈 부모재   불원유   유필유방

子曰 父命召어시든 唯而不諾하고 食在口則吐之니라.
자왈 부명소   유이불락   식재구즉토지

주해

• 遠遊(원유) : 멀리 나가 놀다.
• 有方(유방) : 방향이 있다, 가는 곳을 알리다.
• 命召(명소) : 부르다.
• 唯而不諾(유이불락) : "예" 대답하고 꾸물대지 않다.

4-5 태공이 말했다.

내가 어버이에게 효도하면
내 자식이 나에게 효도한다.
내가 효도하지 않으면 자식 또한 효도하지 않는다.

4-6 어버이에게 순종하고 효도하면 그런 자식을 낳는다.
또 어버이를 거스르고 패역하면 그런 자식을 낳는다.
처마 끝 물을 보라.
한 방울 한 방울 떨어짐이 어긋남이 없다.

효자 집안에 효자 나고
불효 망나니 집안에 망난이 난다.
자식에게는 부모가 거울이고
본 대로 자라서 실천한다.

太公曰 孝於親이면 子亦孝之하나니 身旣不孝면 子何孝焉이리오.
태공왈 효어친　　자역효지　　　신기불효　　자하효언

孝順은 還生孝順子요 忤逆은 還生忤逆兒하나니
효순　　환생효순자　오역　　환생오역아

不信커든 但看簷頭水하라. 點點滴滴不差移니라.
불신　　단간첨두수　　　점점적적불차이

- 子何孝焉(자하효언) : 자식이 어찌 효도를 하겠는가.
- 忤逆(오역) : 거스르다.
- 簷頭水(첨두수) : 처마 끝의 낙숫물.
- 不差移(불차이) : 어긋나지 않다.
- 심은 대로 거두는 것이 바로 효이다. 내가 효도하는 것을 본 자식은 반드시 내게 효도할 것이다.

제5편

정기편正己篇

마음을 갈고닦아 티 없이 맑게 하면
몸을 가누기가 가볍고 편해진다.
마음이 불안과 죄책감으로 멍들면
몸은 천근만근 두려움을 안게 된다.

윤리와 도의로 몸을 강하게 단련하면
마음이 더러워지는 것을 막고
소망과 용기를 가지고 내일을 바라보며
힘차게 약동하는 의지를 안고 오늘을 살아간다.

모든 것은 나 자신부터 바로 하고
사회도 나라도 새 역사를 창조하는
현란한 조명을 받으며 일어서는
깨끗하고 정겨운 자신을 만나게 된다.

5-1 성리서에 이런 말이 있다.
착한 사람을 보면 나를 비춰 보고
악한 사람을 보면 나를 돌아보자.
자신을 살피면 반드시 이로움이 있다.

5-2 『경행록』에 이런 말이 있다.
대장부는 남을 포용할지언정
남에게 포용되는 사람이
되어서는 안 된다.

공자님은 두세 사람이 함께 길을 가면
그중에 반드시 내 스승이 될 만한 사람이 있다고 하셨다.
남을 보고 스스로 배우는 자세로
군자가 될 수 있다.

性理書云 見人之善이거든 而尋己之善하고
성리서운 견인지선　　　　이심기지선

見人之惡이거든 而尋己之惡이니 如此면 方是有益이니라.
견인지악　　　　이심기지악　　　여차　　방시유익

景行錄云 大丈夫는 當容人이언정 無爲人所容이니라.
경행록운 대장부　당용인　　　　무위인소용

주해

• 性理書(성리서) : '성리서'라는 제목의 책은 없으며, 송나라 때 유교를 연구한 성리학 책이 많
  이 나왔는데 이런 책들을 성리서라고 일컬었다.
• 如此(여차) : 이렇게 하다, 이와 같다.　　• 方是(방시) : 비로소.
• 容人(용인) : 남을 포용하다.　　　　　　• 所容(소용) : 남에게 포용되다.

5-3

태공이 말했다.
자신이 귀한 줄 알면서 남을 천하게 여기지 말고
스스로 잘났다 여기면서 남을 멸시하지 말며
자기 용맹만 믿고 적을 가벼이 여기지 말라.

5-4

마원이 말했다.
남의 허물과 실수를 들으면
부모님 이름을 들은 듯 하고
들어도 말하지 말라.

겸손은 높아짐의 비결이요
교만은 파멸의 지름길이다.
남의 허물은 내 거울이요
늘 겸허히 남을 대해야 한다.

太公曰 勿以貴己而賤人하고 勿以自大而蔑小하고 勿以恃勇而輕敵이니라.
태공왈 물이귀기이천인   물이자대이멸소   물이시용이경적

馬援曰 聞人之過失이어든 如聞父母之名하여 耳可得聞이언정
마원왈 문인지과실   여문부모지명   이가득문

口不可言也이니라.
구불가언야

주해 ●

• 賤人(천인) : 남을 천하게 여기다.
• 蔑小(멸소) : 작은 사람을 멸시하다.
• 恃勇(시용) : 용맹을 믿다.

44

5-5 소강절 선생이 말했다.

비방을 듣고 성내지 말고, 칭찬을 듣고 우쭐대지 말라.

남을 욕할 때 맞장구치지 말고, 칭찬에는 함께 기뻐하라.

어떤 시(詩)에 착한 사람 보고 좋아하라 했다.

착한 말 듣고 즐기며

착한 뜻 행하기도 즐겨라.

남의 악함을 듣거든 등에 가시 박힌 듯 하고

남의 착함을 듣거든 난초와 혜초를 차고 있는 듯 하라.

5-6 나의 좋은 점을 말해 주는 사람은

내 도적이요

나의 나쁜 점을 말해 주는 사람은

내 스승이다.

邵康節先生曰 聞人之謗이라도 未嘗怒하며 聞人之譽라도 未嘗喜하며
소강절선생왈 문인지방　　미상노　　문인지예　　미상희

聞人之惡이라도 未嘗和하며 聞人之善 則就而和之하고 又從而喜之니라.
문인지악　　미상화　　문인지선 칙취이화지　　우종이희지

其詩曰 樂見善人하고 樂聞善事하고 樂道善言하고 樂行善意하고
기시왈 낙견선인　　낙문선사　　낙도선언　　낙행선의

聞人之惡이어든 如負芒刺하고 聞人之善이어든 如佩蘭蕙니라.
문인지악　　여부망자　　문인지선　　여패란혜

道吾善者는 是吾賊이요 道吾惡者는 是吾師니라.
도오선자　시오적　　도오악자　시오사

주해 ···

• 謗(방) : 비방, 비난.　　• 芒刺(망자) : 가시.

• 佩(패) : 차다.　　• 蘭蕙(란혜) : 난초와 혜초.

• 좋은 약은 입에 쓰지만 병에는 이로운 법이다[良藥苦口利於病].

5-7 태공이 말했다.
부지런함은 값을
매길 수 없는 보배이고
삼가함은 몸을 보호하는 길이다.

5-8 『경행록』에 이런 말이 있다.
삶을 지키려는 이는 욕심을 적게 가지고
자신을 지키려는 이는 명예를 피한다.
욕심을 적게 가지기는 쉽지만 명예를 피하기는 어렵다.

5-9 공자님은 군자가 경계할 것이 세 가지라고 말씀하셨다.
젊어서 혈기에 여색을 경계하고
장년에 왕성하여 싸움을 경계하며
늙어서 탐욕을 경계해야 한다.

太公曰 勤爲無價之寶요 愼是護身之符니라.
태공 왈 근 위 무 가 지 보　　신 시 호 신 지 부

景行錄曰 保生者는 寡慾하고 保身者는 避名이니
경행록왈 보생자　　과욕　　보신자　　피명

無慾은 易나 無名은 難이니라.
무욕　　이　　무명　　난

子曰 君子有三戒하니 少之時엔 血氣未定이라 戒之在色하고 及其壯也하얀
자왈 군자유삼계　　소지시　　혈기미정　　계지재색　　급기장야

血氣方剛이라 戒之在鬪하고 及其老也하얀 血氣旣衰라 戒之在得이니라.
혈기방강　　계지재투　　급기로야　　혈기기쇠　　계지재득

주해

• 無價之寶(무가지보) : 값을 매길 수 없이 귀한 보배.
• 護身之符(호신지부) : 몸을 지켜 주는 부적.

5-10 손진인이 쓴 『양생명』에 이런 말이 있다.

노여움이 심하면 기운이 상하고
생각이 너무 많으면 정신이 상한다.
마음고생하고 기운이 약해지면 병이 난다.

슬픔도 기쁨도 지나치지 말고
음식은 마땅히 골고루 먹으며
밤술 자주 취하지 말아야 하고
무엇보다도 새벽에 성내지 말아야 한다.

5-11 『경행록』에 이런 말이 있다.

음식이 담백하면 정신이 상쾌하고
마음이 맑으면
꿈자리가 편안하다.

孫眞人 養生銘云 怒甚偏傷氣요 思多太損神이라.
손 진 인 양 생 명 운 노 심 편 상 기   사 다 태 손 신

神疲心易役이요 氣弱病相因이라.
신 피 심 이 역   기 약 병 상 인

勿使悲歡極하고 當令飮食均하며 再三防夜醉하고 第一戒晨嗔하라.
물 사 비 환 극   당 령 음 식 균   재 삼 방 야 취   제 일 계 신 진

景行錄曰 食淡精神爽이요 心淸夢寐安이니라.
경 행 록 왈 식 담 정 신 상   심 청 몽 매 안

주해

• 養生銘(양생명) : 양생법에 대해 짧게 쓴 책이다. '양생'은 몸과 마음을 건강하게 한다는 것이고, '명'은 금석(金石)에 새긴 공덕이나 경구를 말한다.
• 勿使(물사) : ~하게 하지 말라.
• 當令(당령) : 마땅히 ~하게 하다.

5-12 마음을 안정한 다음에 사물을 대하면
글을 읽지 않아도
덕 있는 군자라 할 수 있다.
도덕과 학식, 믿음과 정의를 가진 사람이 된다.

5-13 『근사록』에 이런 말이 있다.
분한 마음을 징계할 때는
불을 끄듯 하고
욕심을 막을 때는 물을 막듯 하라.

5-14 『이견지』에 이런 말이 있다.
여색은 원수 피하듯 하고
바람기는 화살 피하듯 하라.
빈속에 차를 마시지 말고 한밤중에는 밥을 적게 먹어라.

定心應物하면 雖不讀書라도 可以爲有德君子이니라.
정심응물　　　수불독서　　　가이위유덕군자

近思錄云 懲忿을 如救火하고 窒慾을 如防水하라.
근사록운 징분　여구화　　질욕　여방수

夷堅志云 避色如避讐하고 避風如避箭하라.
이견지운 피색여피수　　　피풍여피전

莫喫空心茶하고 少食中夜飯하라.
막끽공심다　　　소식중야반

• 近思錄(근사록) : 중국 남송의 성리학자 주희(朱熹)와 제자 여조겸(呂祖謙)이 함께 쓴 책이다. 책
  제목은 "생각하기를 내 가까이부터 하면 그 가운데 다 있다"는 자장(子張)의 글에서 따온 것이다.
• 窒慾(질욕) : 욕심을 막다.
• 夷堅志(이견지) : 중국 남송의 홍매(洪邁)가 각 지방의 기이한 이야기를 모아 엮은 책이다.

5-15 순자가 말했다.

쓸데없는 변론이나

급하지 않은 일은

내버려 두고 다스리지 말라.

5-16 공자님이 말씀하셨다.

모두가 좋아하는 사람이라도

반드시 살펴봐야 하고

모두가 미워해도 반드시 살펴봐야 한다.

5-17 술 취하면 말하지 않는 것이

참 군자이고

재물 거래에는 분명한 것이

대장부이다.

荀子曰 無用之辯과 不急之察을 棄而勿治하라.
순자왈 무용지변   불급지찰   기이물치

子曰 衆好之라도 必察焉하며 衆惡之라도 必察焉이니라.
자왈 중호지   필찰언   중오지   필찰언

酒中不語는 眞君子요 財上分明은 大丈夫이니라.
주중불어   진군자   재상분명   대장부

주해

• 荀子(순자) : 중국 전국 시대 조나라의 사상가로 이름은 황(況)이다. 맹자의 성선설에 반대하여 성악설을 주장했다.

• 不急之察(불급지찰) : 급하지 않은 일.

• 惡之(오지) : 미워하다.　　　　• 財上(재상) : 재물에 대하여.

5-18 모든 일에서
너그러움을 좇으면
그 축복이 저절로 후덕해지고
관용하면 모두가 내 편이 된다.

5-19 태공이 말했다.
모든 이를 가늠하고 싶으면 먼저 자신부터 가늠하라.
남을 해치는 말은 오히려 자신을 해친다.
남에게 피를 뿜으면 먼저 제 입이 더러워진다.

5-20 장난이나 하고 놀기만 하면
삶에 보탬이 안 되고
오직 부지런해야만
성공을 거둘 수 있다.

萬事從寬이면 其福自厚이니라.
만 사 종 관   기 복 자 후

太公曰 欲量他人이거든 先須自量하라. 傷人之語는 還是自傷이며
태 공 왈 욕 량 타 인   선 수 자 량   상 인 지 어   환 시 자 상

含血噴人이면 先汚其口이니라.
함 혈 분 인   선 오 기 구

凡戱는 無益이요 惟勤이 有功이니라.
범 희   무 익   유 근   유 공

주해

• 從寬(종관) : 너그러움을 따르다, 관용을 베풀다.
• 自厚(자후) : 저절로 후덕해지다(두터워지다).   • 還是(환시) : 도리어.
• 이 내용은 『논어』〈안연편〉에도 나온다[己所不欲 勿施於人].

태공이 말했다.
5-21
오이밭에는 신발을 들여놓지 말고
오얏나무 아래에서는
갓을 고쳐 쓰지 말아야 한다.

『경행록』에 이런 말이 있다.
5-22
마음은 편해도 몸은 늘 수고해야 하고, 도는 즐거워도
마음은 늘 걱정해야 하며, 몸이 일하지 않으면
게을러져서 쉽게 망하고, 몸가짐을 바로 못하면 방종한다.

참 평안은 수고하여 얻은 기쁨이고
즐거움은 근심에서 생기니 싫증이 없게 된다.
편안함과 즐거움은 몸의 수고에서 왔으니
어찌 잊을 수가 있겠는가.

太公曰 瓜田에 不納履하고 李下에 不整冠이니라.
태공왈 과전 불납리   이하   부정관

景行錄曰 心可逸이언정 形不可不勞요 道可樂이언정 心不可不憂니
경행록왈 심가일   형불 가불로   도가락   심불 가불우

形不勞면 則怠惰易弊하고 心不憂 則荒淫不定故하고 逸生於勞而常休하고
형불로 칙태타역폐   심불우 칙황음부정고   일생어로이상휴

樂生於憂而 無厭하나니 逸樂者는 憂勞를 豈可忘乎아.
낙 생어우이 무염   일락자   우로 기가망호

51

5-23

귀로는 남의 잘못을 듣지 말고

눈으로는 남의 그릇됨을 보지 말며

입으로는 남의 허물을 말하지 않아야

참 군자라고 할 수 있다.

5-24

채백개가 말했다.

기뻐하고 노여워하는 것은 마음속에 있고

말은 입 밖으로 나가니

삼가지 않을 수 없다.

5-25

재여가 낮잠에 빠지자 공자님이 말씀하셨다.

썩은 나무로는 조각을 할 수 없고

더러운 흙 담장에는

흙손질을 할 수 없다.

耳不聞人之非하고 目不視人之短하고 口不言人之過라야 庶幾君子니라.
이불문인지비　　　목불시인지단　　　구불언인지과　　　서기군자

蔡伯喈曰 喜怒는 在心하고 言出於口하니 不可不愼也니라.
채백개왈 희노　　　재심　　　언출어구　　　불가불신야

宰子晝寢이어늘 子曰 朽木은 不可雕也요 糞土之墻은 不可圬也니라.
재여주침　　　자왈 후목　　　불가조야요 분토지장　　　불가오야

주해

• 非(비) : 그릇됨.
• 庶幾(서기) : 거의 ~와 가깝다.
• 蔡伯喈(채백개) : 중국 후한 사람으로 이름은 옹(邕)이고 자가 백개이다. 경사(経史), 음율, 천문, 시부(詩賦) 등에 두루 능했다.
• 不可不愼(불가불신) : 근심하지 않을 수 없다, 조심해야 한다.
• 宰子(재여) : 중국 노나라 사람으로 자는 자아(子我)이다. 공자의 제자이며 언변이 뛰어났다.
• 朽木(후목) : 썩은 나무.
• 雕(조) : 조각하다.
• 糞土(분토) : 썩은 흙, 더러운 흙.
• 圬(오) : 흙손질하다.

5-26(1) 자허원군이 〈성유심문〉에 이르기를,

복은 맑고 검소한 데서 생기고 덕은 낮추고 겸손한 데서 생긴다.

도는 평안하고 고요한 데서 생기고

생명은 조화롭고 기쁜 데서 생긴다.

근심은 욕심 많은 데서 생기고

재앙은 탐하는 마음에서 생긴다.

허물은 까불고 교만한 데서 생기고

죄는 어질지 못한 데서 생긴다.

눈은 삼가여 남의 그릇됨을 보지 말고

입은 경계하여 남의 단점을 말하지 말라.

마음은 경계하여 탐하거나 성내지 말고

몸은 경계하여 못된 벗을 따르지 말라.

紫虛元君誠諭心文曰 福生於淸儉하고 德生於卑退하고 道生於安靜하고
자허원군성유심문왈 복생어정검　　덕생어비퇴　　도생어안성

命生於和暢하고 患生於多慾하고 禍生於多貪하고 過生於輕慢하고
명생어화창　　환생어다욕　　화생어다탐　　과생어경만

罪生於不仁이니라.
죄생어불인

 주해 •

- 紫虛元君(자허원군) : 위부인(魏夫人)을 가리킨다. 자허는 구름 낀 하늘에 햇빛이 비칠 때의 모습으로 도교에서는 신선 세계를 말한다. 남자가 신선이 되면 진인(眞人)이라 하고 여자의 경우는 원군(元君)이라 한다.
- 誠諭心文(성유심문) : 정성으로 마음을 깨치는 글이라는 의미로, 본문의 제목이다.
- 卑退(비퇴) : 낮추고 겸손하다.

5-26(2)

이롭지 않은 말은 제멋대로 지껄이지 말고
나와 상관없는 것은 함부로 말하지 말라.
군왕을 존경하고 어버이에게 효도하라.
어른을 공경하고 덕 있는 사람을 받들라.

어진 이와 어리석은 이를 분별하고
배움 없는 이를 용서하라.
사물이 순리대로 오면 물리치지 말고
사물이 지나치거든 뒤쫓지 말라.

몸이 불행하더라도 더 바라지 말고
일이 지나치거든 생각지 말라.
아무리 총명해도 어두울 때가 많고
짜임새 있는 계획도 잘못될 때가 있다.

戒眼莫看他非하고　戒口莫談他短하고　戒心莫自貪嗔하고
계 안 막 간 타 비　　　계 구 막 담 타 단　　　계 심 막 자 탐 진

戒身莫隨惡伴하라. 無益之言을 莫妄說하고　不干己事를 莫妄爲하고
계 신 막 수 악 반　　　무 익 지 언　막 망 설　　　불 간 기 사　막 망 위

尊君王孝父母하고　敬尊長奉有德하고　別賢愚恕無識하고
존 군 왕 효 부 모　　　경 존 장 봉 유 덕　　　별 현 우 서 무 식

物順來而勿拒하고　物旣去而勿追하고　身未遇而勿望하고
물 순 래 이 물 거　　　물 기 거 이 물 추　　　신 미 우 이 물 망

事已過而勿思하라. 聰明도 多暗昧요 算計도 失便宜니라.
사 이 과 이 물 사　　　총 명　다 암 매　산 계　실 편 의

• 不干己事(불간기사) : 나와 관계없는 일.　　• 順來(순래) : 순리로 내게 오다.
• 未遇(미우) : 때를 못 만나다.　　　　　　• 算計(산계) : 잘 세운 계획, 짜임새 있는 설계.

5-26(3)

남을 해롭게 하면 자신에게도 결국 손해가 되고
권세에 기대면 재앙이 자주 따른다.
경계함이 마음에 있고 지키는 것은 의지에 있다.
절약하지 않으면 집안이 거덜 나 망한다.

권하건대 스스로 평생을 경계하고
탄식하며 놀라면서 두려워하라.
위에서는 하늘 거울이 비추고
아래에는 땅의 신령이 있다.

밝은 곳에는 세 가지 법도가 있다.
어두운 곳은 잡귀가 늘 따르고
오직 바른 길을 지키는 마음으로
속이지 말고 경계하고 또 경계하라.

損人終自失이요 依勢禍相隨라. 戒之在心하고 守之在氣니라.
손인종자실   의세화상수   계지재심   수지재기

爲不節而亡家하고 因不廉而失位니라. 勸君自警於平生하나니
위부절이망가   인불렴이실위   권군자경어평생

可歎可警而可畏니라. 上臨之以天鑑하고 下察之以地祇라.
가탄가경이가외   상임지이천감   하찰지이지기

明有三法相繼하고 暗有鬼神相隨라. 惟正可守요 心不可欺니 戒之戒之하라.
명유삼법상계   암유귀신상수   유정가수   심불가기   계지계지

주해

• 相隨(상수) : 서로 따르다.
• 天鑑(천감) : 하늘의 거울.

제6편

안분편安分篇

참 행복은 돈과 집, 지위에 있지 않고
제 푼수를 달갑게 알고 마음 편히 사는 데 있다.
무(無)에서 유(有)를 볼 줄 알고 겸손에서 모두를 지닌다.
누가 주어서가 아니라 스스로 마음을 지키는 데 있다.

우리가 공자님을 존경하는 까닭도 여기에 있다.
제자 안회가 밥 한 그릇과 한 바가지 물로 누추한 곳에 살 때
그 어질고 높은 인품을 칭송하여
『논어』에 담은 글을 가슴 저미며 읽는다.

자신이 스스로 행복을 이룩해 가는
창의적이고 품위 있는 그 행보는
지금 우리에게 새로운 가치관을 심어 준다.
지분수명(知分守命)의 인생을 배우는 것이다.

6-1 『경행록』에 이런 말이 있다.

만족할 줄 알면 거기에 즐거움이 있다.

탐욕에 빠지면

걱정이 몰려온다.

6-2 만족할 줄 아는 사람은

가난하고 낮은 지위에 있어도 즐겁다.

만족할 줄 모르는 사람은

돈 많고 높은 지위에 있어도 근심이 많다.

6-3 분수에 넘치는 생각은

정신만 상하게 하고

함부로 행동하면

재앙만 부른다.

景行錄云 知足可樂이요 務貪則憂니라.
경 행 록 운   지 족 가 락   무 탐 칙 우

知足者는 貧賤亦樂이요 不知足者는 富貴亦憂니라.
지 족 자   빈 천 역 락   부 지 족 자   부 귀 역 우

濫想은 徒傷神이요 妄動은 反致禍니라.
남 상   도 상 신   망 동   반 치 화

주해

• 務貪(무탐) : 탐욕에 힘쓰다(빠지다).

• 亦樂(역락) : 그래도 즐겁다.

• 濫想(남상) : 지나친 생각.

• 致禍(치화) : 화를 부르다.

6-4 만족할 줄을 알고 늘 만족하면서 사는 사람은
평생 동안 욕된 일을 당하지 않는다.
그칠 줄을 알고 어느 정도에서 그치는 사람은
평생 동안 부끄러운 일을 당하지 않는다.

6-5 『서경』에 이런 말이 있다.
교만하면 손해 보게 마련이고
겸손하면 유익하게 마련이다.
늘 겸허하게 살아야 한다.

만족은 자신의 분수를 알고
그만둘 때를 아는 지혜가 있으며
손해 없는 인생을 살게 한다.
만족은 스스로의 마음가짐에 달렸다.

知足常足이면 終身不辱하고 知止常止면 終身無恥니라.
지족상족   종신불욕   지지상지   종신무치

書曰 滿招損하고 謙受益이니라.
서왈 만초손   겸수익

주해 •

• 知止(지지) : 그칠 줄을 알다.
• 書曰(서왈) : 『서경』에 이르기를.
• 滿招損(만초손) : 가득 차면 덜게 마련이다.

『격양시』에 이런 말이 있다.

분수를 지켜 편안하면 몸에 욕됨이 없고

조짐을 알면 마음이 한가하여

몸이 세상에 살아도 오히려 마음은 세상을 벗어난 것이네.

공자님이 말씀하셨다.

제 자신이 그 직위에 있지 않으면

그곳의 일은

자신이 간섭하지 않는다.

분수를 알고

천명을 지키면

세상을 달관하여

즐겁게 살 수 있다.

擊壤詩曰 安分身無辱이요 知機心自閑이니 雖居人世上이나

격 양 시 왈 안 분 신 무 욕   지 기 심 자 한   수 거 인 세 상

却是出人間이니라.

각 시 출 인 간

子曰 不在其位하여는 不謨其政이니라.

자 왈 부 재 기 위   불 모 기 정

• 擊壤詩(격양시) : 중국 북송 때 소옹(邵雍)이 엮은『이천격양집』을 말한다.

• 知機(지기) : 조짐을 알다.

• 却是(각시) : 도리어.

제7편

존심편 存心篇

사람의 본성을 아는 것이 하늘을 아는 것이다.
그런 마음을 보존하여 그 본성을 기르는 것은
곧 하나님을 섬기는 까닭이 된다 하신
맹자님의 말씀대로 본마음을 보존한다.

사람의 마음에 하늘이 있고 우주가 있고
영원을 바라보는 지혜가 있는 것은
하나님의 성품대로 지음 받은
만물의 영장인 까닭이니 더욱 마음을 지킨다.

마음을 지키고 다스리지 못하면
인간의 존엄성을 상실하여 인간 이하가 된다.
그렇게 되지 않기 위해 사람됨의 진실을 지켜
『명심보감』 한 구절을 가슴 깊이 되새겨 본다.

7-1 『경행록』에 이런 말이 있다.

밀실에서도 사통팔달로 통한 것처럼
여유만만하게 생각하고 작은 마음을 다스려
육마수레 부리듯 하면 허물을 피할 수 있다.

7-2 〈격양시〉에 이런 말이 있다.

지혜와 힘으로 부귀해진다면
공자님은 젊어서 제후에 봉해졌을 것이다.
하늘의 뜻을 모르고 헛되어 몸과 마음을 밤중까지 근심하게 한다.

7-3 범충선공이 자제에게 훈계하며 말했다.

어리석어도 남을 꾸짖는 데는 총명해도 자기 용서에는 어둡다.
남을 꾸짖듯 자신을 꾸짖고 자신을 용서하듯 남을 용서하라.
그러면 성현 못 될까 걱정할 일이 없다.

景行錄云 坐密室을 如通衢하고 馭寸心을 如六馬면 可免過니라.
경행록운 좌밀실 여통구   어촌심   여육마   가면과

擊壤詩云 富貴를 如將智力求인대 仲尼도 年少合封侯라.
격양시운 부귀 여장지력구   중니 연소합봉후

世人은 不解靑天意하고 空使身心半夜愁라.
세인   불해청천의   공사신심반야수

范忠宣公이 戒子弟曰 人雖至愚나 責人則明하고 雖有聰明이나
범충선공 계자제왈 인수지우 책인칙명   수유총명

恕己則昏이니 爾曹는 但當以責人之心으로 責己하고 恕己之心으로
서기칙혼   이조   단당이책인지심   책기   서기지심

恕人則不患不到聖賢地位也니라.
서인칙불환불도 성현지위야

주해 ....

• 通衢(통구) : 사통팔달의 거리, 네거리.   • 馭(어) : 말을 부리다.
• 范忠宣公(범충선공) : 중국 북송의 재상으로 자는 요부(堯夫)이고 시호는 충선(忠宣)이다. 당
  시 사람들은 '포의재상(布衣宰相)'이라 불렀다.

7-4 공자님이 말씀하셨다.

총명하고 생각이 밝아도 우직하게 그것을 지키고, 공로가 천하를 덮어도 양보로 그것을 지키고, 용맹과 힘이 떨쳐도 겁내며 지켜라. 천하를 가지고 부유해도 겸손으로 지켜라.

7-5 『소서』에 이런 말이 있다.

조금 베풀고 크게 바라는 이는 되갚음이 없고 존귀하게 되어 비천하던 때를 잊어버린 이는 오래가지 못한다.

7-6 은혜를 베풀었거든 보답을 바라지 말고 남에게 주었거든 이미 준 것을 아쉬워하지 말라.

子曰 聰明思睿라도 守之以愚하고 功被天下라도 守之以讓하고
자왈 총명사예   수지이우   공피천하   수지이양

勇力振世라도 守之以怯하고 富有四海라도 守之以謙이니라.
용력진세   수지이겁   부유사해   수지이겸

素書云 薄施厚望者는 不報하고 貴而忘賤者는 不久니라.
소서운 박시후망자   불보   귀이망천자   불구

施恩勿求報하고 與人勿追悔니라.
시은물구보   여인물추회

주해

• 思睿(사예) : 생각하고 슬기롭다.　　　　　　• 振世(진세) : 세상에 떨치다.
• 素書(소서) : 중국 한나라의 황석공(黃石公)이 장량(張良)에게 주었다는 비결(秘訣)과 병서(兵書)이다.
• 忘賤(망천) : 비천하던 시절을 잊어버리다.　　• 與人(여인) : 남에게 주다.
• 追悔(추회) : 후회하다.

66

7-7 손사막이 말했다.
담력은 크게 가지고 마음 자세는 작게 하라.
지혜는 둥글둥글하게 하고
행동은 바르게 해야 한다.

7-8 생각할 때마다
전쟁에 나가는 날처럼 해야 하고
마음마다 늘 외나무다리 건너듯
그렇게 조심하라.

7-9 법을 두려워하면
아침마다 즐거울 것이고
공적인 일을 속이면
날마다 걱정하게 된다.

孫思邈曰 膽欲大而心欲小하고 知欲圓而行欲方이니라.
손사막 왈 담 욕 대 이 심 욕 소   지 욕 원 이 행 욕 방

念念要如臨戰日하고 心心常似過橋時니라.
염 염 요 여 임 전 일   심 심 상 사 과 교 시

懼法朝朝樂이요 欺公日日憂니라.
구 법 조 조 락   기 공 일 일 우

주해 ·

• 孫思邈(손사막) : 중국 당나라의 의학자로 백가(百家)에 능통하고 노장의 도에 조예가 깊었으며, 음양과 의술에 통달했다.
• 要(요) : 해야 한다.   • 懼法(구법) : 법을 두려워하다.
• 欺公(기공) : 공정함을 속이다.

7-10 주문공이 말했다.
입단속을 병마개같이 하고
생각 막기를 성벽같이만 하라.
남아일언이 중천금이라 했던가.

7-11 마음으로 남을 저버리지 않았으면
얼굴에 부끄러운 기색이 없다.
남 속이고 이권을 취하면
남의 것을 훔치니 얼굴이 부끄럽다.

7-12 사람이 백 년 살기도
정말 어려운데
부질없이 천 년의
계획을 세운다.

朱文公曰 守口如瓶하고 防意如城하라.
주 문 공 왈 수 구 여 병   방 의 여 성

心不負人이면 面無慙色이니라.
심 불 부 인   면 무 참 색

人無百歲人이나 枉作千年計니라.
인 무 백 세 인   왕 작 천 년 계

주해 ··

- 朱文公(주문공) : 중국 송나라의 유학자 주희를 말한다. 자는 원회(元晦), 호는 회암(晦庵)이며 문공은 시호이다. 도학(道學)과 이학(理學)을 합친 이른바 송학(宋學)을 집대성했다.
- 如瓶(여병) : 병마개 막듯이 하다.   • 防意(방의) : 욕심을 막다.
- 負人(부인) : 남을 배반하다.   • 慙色(참색) : 부끄러운 기색.

68

7-13 구래공의 『육회명』에 이런 말이 있다.
벼슬아치가 사사롭고 그릇된 일로
벼슬을 잃을 때는 후회하고
부자가 검소하지 않아 가난해지면 뉘우친다.

기예를 젊어서 못 배워 때를 놓치면 후회하고
일을 배우지 못하면 필요할 때 후회한다.
술 취해서 함부로 말해 깨어났을 때 후회하고
평안할 때 쉬지 않아 병 얻었을 때 후회한다.

7-14 『익지서』에 이런 말이 있다.
사고 없이 가난할지언정 큰일 치르고 집이 부유해지지 말라.
큰일 없이 초가에 살지언정 큰일 있고 좋은 집에 살지 말라.
병 없이 거친 밥 먹을지언정 병치레로 좋은 약 먹지 말라.

寇萊公六悔銘云 官行私曲失時悔요 富不儉用貧時悔요 藝不少學過時悔요
구래공육회명운 관행사곡실시회　부불검용빈시회　예불소학과시회

見事不學用時悔요 醉後狂言醒時悔요 安不將息病時悔니라.
견사불학용시회　취후광언성시회　안부장식병시회

益智書云 寧無事而家貧이언정 莫有事而家富요 寧無事而住茅屋이언정
익지서운 영무사이가빈　　막유사이가부　　영무사이주모옥

不有事而住金屋이요 寧無病而食麤飯이언정 不有病而服良藥이니라.
불유사이주금옥　　영무병이식추반　　불유병이복량약

주해

• 私曲(사곡) : 사적 이익과 도리에 어긋난 일처리.
• 醒(성) : 술이 깨다.　　　　　• 將息(장식) : 충분히 쉬다.
• 寧~莫~(영~막~) : ~할지언정 ~하지 말라.

7-15 마음이 편안하면
초가집도 편안하고
성품이 안정되면
나물국도 향기롭다.

7-16 『경행록』에 이런 말이 있다.
남을 꾸짖는 이는
사귐을 온전히 할 수 없고
스스로 용서하는 이는 허물을 못 고친다.

7-17 새벽에 깨어 밤에 잘 때까지 충성과 효도만 생각하면
남이 알아주지 않아도 하늘이 다 알아줄 것이다.
배부르고 따뜻한 옷 입고 편히 스스로 보호하는 이는
몸은 편안하나 자손을 어찌하랴.

心安茅屋穩이요 性定菜羹香이니라.
심 안 모 옥 온   성 정 채 갱 향

景行錄云 責人者는 不全交요 自恕者는 不改過니라.
경 행 록 운 책 인 자   부 전 교   자 서 자   불 개 과

夙興夜寐하여 所思忠孝者는 人雖不知나 天必知之요
숙 흥 야 매   소 사 충 효 자   인 수 부 지   천 필 지 지

飽食煖衣하여 怡然自衛者는 身雖安이나 其如子孫에 何오.
포 식 난 의   이 연 자 위 자   신 수 안   기 여 자 손   하

 주해

• 穩(온) : 편안하다.　　　　　• 全交(전교) : 온전하게 사귀다.
• 夙興(숙흥) : 일찍 일어나다.　• 怡然(이연) : 편안한 모양.
• 其如~何(기여~하) : ~을 어찌하랴.

7-18 처자식 사랑하는 마음으로 어버이를 섬긴다면 효도가 극진하다.
부귀보전하는 마음으로 임금을 받든다면 어디서든 충성할 수 있다.
남을 꾸짖는 마음으로 자신을 꾸짖으면 허물이 적다.
자신을 용서하는 마음으로 남을 용서하면 사귐이 온전하다.

7-19 네가 한 것이 옳지 않으면 후회해도 되돌릴 수 없고
네 견해가 바르지 못하면 가르친들 무엇이 이로운가.
이익을 생각하는 마음으로는 도리에 어긋날 것이고
사사로운 생각만 확고하면 공적인 일을 망치게 된다.

7-20 일을 만들면
일이 생기고
일을 덜면
일이 줄어든다.

以愛妻子之心으로 事親이면 則曲盡其孝요 以保富貴之心으로
이 애 처 자 지 심   사 친   칙 곡 진 기 효   이 보 부 귀 지 심

奉君이면 則無往不忠이요 以責人之心으로 責己면 則寡過요
봉 군   칙 무 왕 불 충   이 책 인 지 심   책 기   칙 과 과

以恕己之心으로 恕人이면 則全交니라.
이 서 기 지 심   서 인   칙 전 교

爾謀不臧이면 悔之何及이며 爾見不長이면 敎之何益이리오.
이 모 부 장   회 지 하 급   이 견 부 장   교 지 하 익

利心專則背道요 私意確則滅公이니라.
이 심 전 칙 배 도   사 의 확 칙 멸 공

生事事生하고 省事事省이니라.
생 사 사 생   성 사 사 성

주해 •

• 無往不忠(무왕불충) : 가는 곳마다 충성하지 않음이 없다. 어디를 가나 충성하다.
• 爾謀(이모) : 너의 꾀.　　• 不臧(부장) : 좋지 않다.　　• 何及(하급) : ~에 미치겠는가.
• 省事(성사) : 일을 덜다.　　• 事省(사성) : 일이 줄어들다.

제8편

계성편 戒性篇

선행을 강요할 수 없으니
악에 빠지지 않도록 조심해야 한다.
인간의 심성에 있는 선함과 악함의 공통점에
인간의 진실이 있다.

인간의 성품을 예법으로 다스리고 인내하며
선한 역사를 남기려는
인간의 의지가 생생할 때
우리의 생존은 인의(仁義)를 따라야 한다.

진실을 지키고 성품을 지키며
내일을 바라보는 소망으로
외로움을 생산과 사랑의 산실로 만드는
아름다운 삶을 위해 오늘도 경계하고 있다.

8-1 『경행록』에 이런 말이 있다.

사람의 성품은 물과 같다.

물이 쏟아지면 담을 수 없고 성품이 한 번 흩어지면 돌이킬 수 없다.

물은 제방을 쌓아 다스리고 성품은 예법으로 다스린다.

8-2 한때의 울분을 참으면

백날의 걱정을 피할 수 있다.

순간을 참으면

평생 행복해진다.

8-3 참을 수 있으면 참고

삼갈 수 있으면 삼가라.

참지 않고 삼가지 않으면

사소한 일이 크게 되고 만다.

景行錄云 人性은 如水하여 水一傾則不可復이요 性一縱則不可反이니
경행록운 인성   여수   수일경즉불가복   성일종즉불가반

制水者는 必以堤防하고 制性者는 必以禮法이니라.
제수자   필이제방   제성자   필이예법

忍一時之忿이면 免百日之憂니라.
인일시지분   면백일지우

得忍且忍이요 得戒且戒하라. 不忍不戒면 小事成大니라.
득인차인   득계차계   불인불계   소사성대

주해

• 傾(경) : 기울다. 엎지르다.

• 忿(분) : 분노.

• 縱(종) : 방종하다, 제멋대로 하다.

• 得戒(득계) : 근심을 얻다.

8-4

어리석은 멍청이가 화내는 것은 이치가 통하지 못함이다.
마음에 불길 더하지 말고 귓가의 바람으로 여겨라.
장단점은 집집마다 있고 따뜻하고 서늘함은 어디나 있다.
옳고 그름은 서로 간에 실상이 없어 결국 텅 빈 것이다.

8-5

자장이 떠나면서 공자님에게 여쭈었다.
"수양의 좋은 말씀을 해 주십시오."
공자님이 모든 행실은 근본이 참는 게 제일이라고 말씀하셨다.
"어떻게 참습니까?" 하는 자장의 물음에 공자님이 말씀하셨다.

천자가 참으면 나라에 해롭지 않고, 제후가 참으면 땅이
넓어지고, 벼슬아치가 참으면 지위가 올라가고, 형제가 참으면
집안이 부귀해지고, 부부가 참으면 평생 같이 살고,
친구가 참으면 명예가 남고, 자신이 참으면 재앙이 사라진다.

愚濁生嗔怒는 皆因理不通이라. 休添心上火하고 只作耳邊風하라.
우 탁 생 진 노　개 인 리 불 통　　휴 첨 심 상 화　　지 작 이 변 풍

長短은 家家有요 炎凉은 處處同이라. 是非無相實하여 究竟摠成空이니라.
장 단　가 가 유　염 량　처 처 동　　시 비 무 상 실　　구 경 총 성 공

子張이 欲行에 辭於夫子할새 願賜一言爲修身之美하노이다.
자 장　욕 행　사 어 부 자　　원 사 일 언 위 수 신 지 미

子曰 百行之本이 忍之爲上이니라. 子張曰 何爲忍고니잇고.
자 왈 백 행 지 본　인 지 위 상　　자 장 왈 하 위 인 지

子曰 天子忍之면 國無害하고 諸侯忍之면 成其大하고 官吏忍之면
자 왈 천 자 인 지　국 무 해　　제 후 인 지　성 기 대　　관 리 인 지

進其位하고 兄弟忍之면 家富貴하고 夫妻忍之면 終其世하고
진 기 위　　형 제 인 지　가 부 귀　　부 처 인 지　종 기 세

朋友忍之면 名不廢하고 自身忍之면 無禍害니라.
붕 우 인 지　명 불 폐　　자 신 인 지　무 화 해

• 休(휴) : 하지 말라.
• 百行之本(백행지본) : 모든 행실의 근본.
• 究竟(구경) : 마침내.
• 終其世(종기세) : 일생을 함께하다.

8-6 자장이 "참지 못하면 어쩝니까?" 묻자 공자님이 말씀하셨다.
천자가 못 참으면 나라가 텅 비고, 제후가 못 참으면
그 몸을 잃을 것이며, 벼슬아치가 못 참으면 법으로 주살된다.
형제가 못 참으면 헤어져 살게 된다.

부부가 못 참으면 자식이 외로워지며, 친구가 못 참으면
정과 의리가 죽고, 자신이 못 참으면 근심 속에 산다.
자장이 말하길, "좋은 말씀인데 참는 게 어렵습니다.
사람이 아니면 못 참고, 참지 못하면 사람이 아닙니다."

8-7 『경행록』에 이런 말이 있다.
자기를 굽히는 자는
중요한 자리를 차지할 수 있어도,
이기기를 좋아하면 반드시 적을 만나게 된다.

子張曰 不忍則如何닛고. 子曰 天子不忍이면 國空虛하고 諸侯不忍이면
자장왈 불인즉 여하   자왈 친자불인   국공허   제후불인

喪其軀하고 官吏不忍이면 刑法誅하고 兄弟不忍이면 各分居하고
상 기구   관리불인   형법주   형제불인   각분거

夫妻不忍이면 令子孤하고 朋友不忍이면 情意疎하고 自身不忍이면
부처불인   영자고   붕우불인   정의소   자신불인

患不除니라. 子長曰 善哉善哉라 難忍難忍이여 非人不忍이요 不忍非人이로다.
환부제   자장왈 선재선재   난인난인   비인불인   불인비인

景行錄云 屈己者는 能處重하고 好勝者는 必遇敵이니라.
경 행록운 굴 기자   능처중   호승자   필우적

• 患不除(환부제) : 근심이 없어지지 않다.
• 屈己(굴기) : 자기를 굽히다.   • 處重(처중) : 중요한 지위에 처하다.

8-8 악인이 선인을 욕하거든 끝까지 입 다물라.
대꾸하지 않으면 마음이 맑고 한가할 것이다.
욕한 사람만 입이 뜨겁게 끓고
하늘에 침 뱉은 사람처럼 다시 자기 몸에 떨어진다.

8-9 남에게 욕먹어도 거짓으로 귀먹은 듯하고
시비 가려 말하지 말라.
비유하면 불이 허공에 타고 끄지 않아도 저절로 사그라진다.
내 마음은 텅 비고 늘 상대의 입술과 혀가 대꾸한다.

8-10 모든 일이란 인정을 남겨 두어야
훗날 좋은 얼굴로 만나게 된다.
인간사는 주고받는 것이
늘 인생의 테두리 안에 있다.

惡人이 罵善人이거든 善人은 摠不對하라. 不對는 心淸閑이요
악인　　매선인　　　선인　　총부대　　　　부대　　심청한

罵者는 口熱沸니라. 正如人唾天하여 還從己身墜니라.
매자　　구열비　　　정여인타천　　　환종기신추

我若被人罵라도 佯聾不分說하라. 譬如火燒空하여 不救自然滅이라.
아약피인매　　　양롱불분설　　　　비여화소공　　　불구자연멸

我心은 等虛空이어늘 摠爾飜脣舌이니라.
아심　　등허공　　　총이번순설

凡事에 留人情이면 後來에 好相見이니라.
범사　　유인정　　　후래　　호상견

주해

• 罵(매) : 욕하다, 꾸짖다.
• 唾天(타천) : 하늘에 침을 뱉다.
• 不對(부대) : 대꾸하지 않다.
• 佯(양) : ~인 체하다.

제9편

근학편 勤學篇

인간의 도리 가운데 가장 기본은
열심히 배우는 것이다.
배움이 없으면 짐승과 다를 바 없다고 공자님이 말씀하셨다.
배우는 데 삶의 보람이 있는 것이다.

배우고 이히는 일은 진정한 즐거움이다.
혼란과 혼돈은 정신세계의 암흑이니
그 어두움을 벗어나는 데는 빛뿐이다.
밝은 마음 밝은 삶은 배움에 있는 것이다.

글을 배우고 예의로 마음을 다스리면
세상도 미혹에서 벗어나고
진실을 추구하는 바른 삶을
『명심보감』은 잘 가르치고 있다.

9-1 공자님이 말씀하셨다.

널리 배우고 뜻을 깊이 알며

더 절실한 것은 묻고 가까운 데서 생각하면

인(仁)은 그 가운데에 있다.

9-2 장자가 말했다.

사람이 배우지 않으면

아무 기술 없이 하늘을 오르려는 것과 같다.

배워서 기능을 익혀야 한다.

배워서 지혜가 원대해지면

마치 상서로운 구름을 헤치고

푸른 하늘을 바라보는 것과 같다.

높은 산에 올라 멀리 바라보는 것과 같다.

子曰 博學而篤志하고 切問而近思면 仁在其中矣니라.
자왈 박학이독지   절문이근사   인재기중의

莊子曰 人之不學은 如登天而無術하고 學而智遠이면
장자왈 인지불학   여등천이무술   학이지원

如披祥雲而睹靑天하고 登高山而望四海니라.
여피상운이도청천   등고산이망사해

주해

• 博學(박학) : 배움을 넓게 하다.
• 無術(무술) : 기술이 없다.
• 披(피) : 헤치다.

• 近思(근사) : 가까운 것부터 생각하다.
• 智遠(지원) : 지혜가 깊어지다.
• 睹(도) : 보다.

9-3 『예기』에 이런 말이 있다.

옥돌은 다듬지 않으면 그릇이 못 되고

사람은 배우지 않으면

도리를 알 수가 없다.

9-4 태공이 말했다.

사람이 태어나 배우지 않으면

어두운 밤길을

걷는 것과 같다.

9-5 한문공이 말했다.

사람이 옛일이나 요즘 일을

잘 알지 못하면

소와 말에게 옷을 입힌 것과 같다.

禮記曰 玉不琢이면 不成器하고 人不學이면 不知義니라.
예기왈 옥불탁   불성기   인불학   불지의

太公曰 人生不學이면 如冥冥夜行이니라.
태공왈 인생불학   여명명야행

韓文公曰 人不通古今이면 馬牛而襟裾니라.
한문공왈 인불통고금   마우이금거

주해

- 禮記(예기): 유학 오경(五經)의 하나로 의례의 해설 및 음악, 정치, 학문에 걸쳐 예의 근본정신에 대해 서술했다. 한나라 무제 때 하간(河間)의 헌왕이 공자와 그 후학이 지은 131편의 책을 모아 정리한 뒤, 선제 때 유향(劉向)이 214편으로 엮었다. 후에 대덕(戴德)이 85편으로 엮은 대대례(大戴禮)와 대성(戴聖)이 49편으로 줄인 소대례(小戴禮)가 있다.
- 不琢(불탁) : 다듬지 않다.
- 冥冥夜行(명명야행) : 캄캄한 밤길을 가다.
- 韓文公(한문공) : 중국 당나라의 문인이자 정치가이며 당송 팔대가의 한 사람인 한유(韓愈)를 말한다.
- 襟裾(금거) : 옷깃과 옷섶.

82

9-6

주문공이 말했다.
집안이 아무리 가난하더라도
그 가난 때문에
배움을 버려서는 안 될 것이다.

집안의 부유함 믿고 학문에 게으르면 안 되고
가난한 이가 부지런히 배운다면 몸을 세울 수 있다.
부유한 이가 잘 배운다면 명성이 빛날 것이다.
배워야 출세하며, 배운 이가 성취하지 못하는 것을 보지 못했다.

배움이 곧 몸의 보배요 배운 이는 세상의 보배이다.
배우면 군자가 되고 못 배우면 소인이 될 것이니
뒷날 배운 이들은 모름지기
각각 배움에 더 힘쓸 것이다.

朱文公曰 家若貧이라도 不可因貧而廢學이요 家若富라도
수 문 공 왈 가 약 빈   불 가 인 빈 이 폐 학   가 약 부

不可恃富而怠學이니라. 貧若勤學이면 可以立身이요 富若勤學이면
불 가 시 부 이 태 학   빈 약 근 학   가 이 입 신   부 약 근 학

名乃榮光이리라. 惟見學者顯達이요 不見學者無成이니라.
명 내 영 광   유 견 학 자 현 달   불 견 학 자 무 성

學者는 乃身之寶요 學者는 乃世之珍이니라. 是故로 學則乃爲君子요
학 자   내 신 지 보   학 자   내 세 지 진   시 고   학 칙 내 위 군 자

不學則乃爲小人이니 後之學者는 各宜勉之니라.
불 학 칙 내 위 소 인   후 지 학 자   각 선 면 지

주해
....

• 廢學(폐학) : 학문을 그만두다, 공부를 안 하다.
• 顯達(현달) : 출세하다.

• 恃富(시부) : 부유함을 믿다.
• 宜(선) : 마땅히 ~하다.

83

9-7 휘종 황제가 말했다.

배운 사람은 벼와 같고 배우지 못한 사람은 잡초와 같다.

벼 같은 사람이여

나라의 좋은 양식이요 세상의 큰 보배로다.

잡초 같은 사람이여

밭 가는 이가 싫어하고 김매는 이 괴롭구나!

훗날에 담벼락 마주하듯 뉘우쳐도

이미 늙어 버린 몸이구나!

9-8 공자님이 말씀하셨다.

배움은 다다르지 못할 것같이 하고

오직 그것을 잃어버릴까

두려워하라!

徽宗皇帝曰 學者는 如禾如稻하고 不學者는 如蒿如草로다.
휘종 황제 왈 학자　여화여도　불학자　여호여초

如禾如稻兮여 國之精糧이요 世之大寶로다.
여화여도혜　국지정량　세지대보

如蒿如草兮여 耕者憎嫌하고 鋤者煩惱니라. 他日面墻에 悔之已老로다.
여호여초혜　경자증혐　서자번뇌　타일면장　회지이로

子曰 學如不及이요 惟恐失之니라.
자왈 학여불급　유공실지

주해

- 徽宗皇帝(휘종 황제) : 중국 북송의 8대 황제로 성은 조(趙), 이름은 길(佶)이다. 글씨와 그림에 능했으며 학문을 크게 장려했다.
- 如禾如稻(여화여도) : 벼와 같다.　• 如蒿如草(여호여초) : 쑥과 풀 같다.
- 面墻(면장) : 담벼락을 마주 보다, 못 배워 답답하다.
- 不及(불급) : 내치지 못하다, 이르지 못하다, 부족하다.

제10편

훈자편訓子篇

일 년 농사는 논밭 농사요 백 년 농사는 자식 농사이다.
농사는 한 해 놓치면 다음 해에 다시 할 수 있지만
백 년 농사는 일생에 단 한 번뿐이다.
우리의 부모는 당신은 굶어도 자식을 학교에 보냈다.

제물보다 권세보다 더 중요한 것이 자식 교육이다.
어버이의 최대 사명은 자식 교육이다.
이를 위해 인간은 최선을 다하고 있다.
옛날에는 가문의 전통이 하늘과 같았다.

개인 교육도 중하고 자신의 출사 영광을 위해
더없이 중요한 것이 자녀 교육이다.
몸의 건강, 밝은 정신, 그리고
그 영혼의 강인한 신앙을 어버이가 알아야 한다.

10-1 『경행록』에 이런 말이 있다.

손님이 오지 않는 집안은 저속해지고
『시경』과 『서경』을 가르치지 않으면
자손이 어리석어진다.

10-2 장자가 말했다.

아무리 작은 일이라도 하지 않으면
이루어지지 못할 것이고
자식이 똑똑해도 가르치지 않으면 쓸모없다.

10-3 『한서』에 이런 말이 있다.

황금이 대나무 상자에 가득 차 있다 해도
경서 한 권 가르침만 못하고
자식에게 천금을 물려준다 해도 재주 하나 가르침만 못하다.

景行錄云 賓客不來면 門戶俗하고 詩書無敎면 子孫愚니라.
경 행 록 운 빈 객 불 래   문 호 속   시 서 무 교   자 손 우

莊子曰 事雖小나 不作이면 不成이요 子雖賢이나 不敎면 不明이니라.
장 자 왈 사 수 소 부 작   불 성   자 수 현   불 교   불 명

漢書云 黃金滿籝이 不如敎子一經이요 賜子千金이 不如敎子一藝니라.
한 서 운 황 금 만 영   불 여 교 자 일 경   사 자 천 금   불 여 교 자 일 예

주6해 ●

• 不明(불명) : 현명해지지 않다.
• 漢書(한서) : 중국 전한의 역사서로 고조부터 왕망까지 229년간의 역사를 기록했으며, 반표 (班彪)가 시작한 것을 후한의 반고가 대성하고 누이동생 반소가 보수했다.
• 滿籝(만영) : 상자에 가득 차다.　　　　　• 一經(일경) : 한 권의 경서.

10-4 아무리 즐거워도 책읽기만 못하고
아무리 중요해도
자식을 가르침만 못하다.
자식 교육보다 중요한 것은 없다.

10-5 여형공이 말했다.
안으로는 현명한 어버이나 형제가 없고
밖으로는 엄한 스승이나 친구가 없는데도
성공할 수 있는 사람은 정말 드물다.

10-6 태공이 말했다.
남자가 배우지 못하고 자라면
반드시 미련하고 어리석게 되고
여자가 배우지 못하면 자라서 제대로 하는 게 없다.

至樂은 莫如讀書요 至要는 莫如敎子니라.
지락　막여독서　　지요　막여교자

呂滎公曰 內無賢父兄하고 外無嚴師友요 而能有成者는 鮮矣니라.
여형공왈 내무현부형　　외무엄사우　　이능유성자　선의

太公曰 男子失敎면 長必頑愚하고 女子失敎면 長必麤疎니라.
태공왈 남자실교　　장필완우　　　여자실교　　장필추소

• 莫如(막여) : ~만 한 것이 없다.
• 呂滎公(여형공) : 북송의 명신 여희철(呂希哲)을 말한다. 자는 원명(原明)이고 형양군공(滎陽郡公)에 봉해져서 여형공이라 불렀다.
• 鮮(선) : 거의 없다, 드물다.　　　　　• 頑愚(완우) : 미련하고 어리석다.
• 麤疎(추소) : 거칠고 엉성하다.

10-7 남자가 나이 많아지면
풍악과 술을 배우지 말아야 한다.
여자가 나이 많아지면
놀러 다니지 못하게 하라.

10-8 엄한 아버지 밑에
효자가 나오고
엄한 어머니 밑에
효녀가 나온다.

10-9 아이를 사랑하거든
매를 많이 들고
아이를 미워하거든
먹을 것이나 많이 주어라.

男年長大면 莫習樂酒하고 女年長大면 莫슈遊走니라.
남 년 장 대　　막 습 악 수　　　여 년 상 내　　막 령 유 주

嚴父는 出孝子요 嚴母는 出孝女니라.
엄 부　　출 효 자　　엄 모　　출 효 녀

憐兒어든 多與棒하고 憎兒어든 多與食하라.
연 아　　다 여 봉　　증 아　　다 여 식

주해

• 樂酒(악주) : 풍악과 술.
• 憐兒(연아) : 아이를 사랑하다.
• 與食(여식) : 먹을 것을 주다.
• 遊走(유주) : 놀러 다니다.
• 與棒(여봉) : 매질하다.

10-10 남들은 다들 구슬과 옥을
사랑하여 가지지만
나는 자손이 제발
현명해지기를 사랑한다.

자식 농사 마음대로 안 된다고
어버이들이 탄식하지만
평소에 나부터 바로 살고 바로 서서
올바로 가르쳤다면 후회하지 않으리라.

하다 하다 정 안 될 때면
너도 자식 낳아 키워 봐라!
이것은 복수도 억하심정 화풀이도 아니고
다만 자식 농사 버거워서 하는 소리이다.

人皆愛珠玉이나 我愛子孫賢이니라.
인 개 애 주 옥   아 애 자 손 현

주해

• 珠玉(주옥) : 구슬과 옥.

제11편

성심편 상 省心篇 上

마음을 살피고 다스려야 하는데
마음은 물과 같아서 일정치가 않으니 어렵다.
예의와 인격의 그릇에 담기는 마음이라
먼저 자신의 사람됨을 살펴야 한다.

욕심이 들어와 마음을 갈기갈기 찢으면
눈물겨워도 눈물이 없어 흘릴 눈물도 없다.
사랑이 들어와 마음을 봄 동산으로 일궈 놓으면
꽃피고 새가 날고 향기로운 계절이 열린다.

효도나 충성도 마음이 먼저 정해야 하고
마음 편하게 아름다운 삶을 엮어 가는
넉넉한 사람이 되어야 한다.
그런 뒤에 시간은 보석으로 엮는 보람이 있는 것이다.

11-1 『경행록』에 이런 말이 있다.

보물과 재물을 써 버리면

다 없어지고 만다.

그러나 충성과 효도는 누려도 끝이 없다.

11-2 집안이 화목하면

가난해도 좋다.

그러나 바르지 못하면

부유해서 무엇 하겠느냐!

효도하는 자식이

하나라도 있으면 되었지.

자손이 많아야

무슨 소용이 있겠느냐!

景行錄云 寶貨는 用之有盡이요 忠孝는 享之無窮이니라.
경행록운 보화   용지유진   충효   향지무궁

家和貧也好어니와 不義富如何오. 但存一子孝면 何用子孫多리오.
가화빈야호   불의부여하   단존일자효   하용자손다

주해 • • • • • • • • • • •

• 有盡(유진) : 끝이 있다.

• 享之(향지) : 누리다.

• 也(야) : ~도 또한.

• 何用(하용) : 무슨 소용이 있겠느냐.

11-3 아버지가 걱정하지 않는 것은
자식이 효도하기 때문이다.
지아비가 번뇌하지 않는 것은
아내가 어질기 때문이다.

말이 많아서 실수하는 것은
모두 술 때문이다.
의리가 끊어지고 친척이 멀어지는 것은
오직 돈 때문이다.

11-4 이미 일상 있는
즐거움을 누렸다면
모름지기 셀 수 없는
근심을 대비하라.

父不憂心은 因子孝요 夫無煩惱는 是妻賢이라
부불우심   인자효   부무번뇌   시처현

言多語失은 皆因酒요 義斷親疎는 只爲錢이니라.
언다어실   개인주   의단친소   지위전

旣取非常樂이어든 須防不測憂니라.
기취비상락   수방불측우

 주해

• 因(인) : ~때문이다.
• 言多語失(언다어실) : 말이 많으면 실수를 한다.
• 只(지) : 다만.
• 非常樂(비상락) : 정도에서 벗어나는 즐거움.
• 不測憂(불측우) : 예측하지 못한 근심.

11-5 총애를 받거든
욕됨을 생각하고
편안하게 지낼 때는
위태로움을 생각하라.

11-6 영예가 가벼우면
욕됨도 얕고
이익이 무거우면
손해도 깊다.

모두가 상대적이니
영욕과 이해가 멀리 있지 않고
이익과 손해, 영예와 치욕이
동전의 양면과 같다.

得寵思辱하고 居安慮危니라.
득 총 사 욕　　거 안 려 위

榮輕辱淺이요 利重害深이니라.
영 경 욕 천　　이 중 해 심

주해

• 思辱(사욕) : 욕됨을 생각하다.
• 居安(거안) : 편안히 지내다.
• 慮危(려위) : 위험을 생각하다.
• 辱淺(욕천) : 욕됨이 얕다.
• 害深(해심) : 손해가 깊다.

11-7 너무 아끼면 심한 낭비를 가져오고
너무 칭찬하면 심한 비난을 가져온다.
지나친 기쁨은 반드시 근심을 가져오고
지나친 뇌물 모음은 반드시 크게 망실되게 한다.

11-8 공자님이 말씀하셨다.
높은 벼랑을 보지 않으면
어찌 굴러 떨어지는 걱정을
알게 되겠는가.

깊은 연못에 가 보지 않으면
어찌 빠져 죽을 걱정을 알고,
큰 바다에 가 보지 않으면
어찌 거센 파도를 걱정하겠는가.

甚愛必甚費요 甚譽必甚毁요 甚喜必甚憂요 甚贓必甚亡이니라.
심애필심비　　심예필심훼　　심희필심우　　심장필심망

子曰 不觀高崖면 何以知顚墜之患이며 不臨深泉이면
자왈 불관고애　　하이지전추지환　　불임심천

何以知沒溺之患이며 不觀巨海면 何以知風波之患이리오.
하이지몰익지환　　불관거해　　하이지풍파지환

주해

• 甚(심) : 지나치다, 심하다.
• 費(비) : 낭비하다, 소비하다.
• 顚墜(전추) : 굴러 떨어지다.
• 愛(애) : 아끼다, 인색하다.
• 贓(장) : 쌓아 두다.
• 沒溺(몰익) : 물에 빠지다.

96

11-9 앞날을 알고 싶으면
이미 지나간 날의 일을
생각하고 살펴보라.
과거 경험을 통해 미래를 예측하라.

11-10 공자님이 말씀하셨다.
거울은 밝아 형상을 살피게 되고
지난 일은 지금을 알 수 있는
이유가 된다.

11-11 지나간 일은
아침 거울과 같고
미래의 일은
칠흑같이 어둡다.

欲知未來면 先察已然이니라.
욕지미래   선찰이연

子曰 明鏡은 所以察形이요 往者는 所以知今이니라.
자왈 명경   소이찰형   왕자   소이지금

過去事는 如明鏡이요 未來事는 暗似漆이니라.
과거사   여명경   미래사   암사칠

주해

- 已然(이연) : 이미 그러한 일.
- 察形(찰형) : 모습을 살피다.
- 往者(왕자) : 지나간 일.
- 似漆(사칠) : 칠흑 같다.

11-12 『경행록』에 이런 말이 있다.
내일 아침의 일은 저녁 무렵에도
그렇다고 단정할 수가 없다.
저녁 일은 오후에도 꼭 된다고 단정하지 못한다.

11-13 하늘에는 늘 예측하지 못할
비바람이 있게 마련이고
사람에게는 아침저녁으로
화와 복이 있게 마련이다.

11-14 석 자 흙 속에 묻히기 전에는
백 살의 몸을 보전하기 어렵다.
이미 죽어 흙 속으로 돌아가면
백 년의 무덤을 보전하기 어렵다.

景行錄云 明朝之事는 薄暮에 不可必이요 薄暮之事는 晡時에 不可必이니라.
경행록운 명조지사　박모　불가필　　박모지사　포시　불가필

天有不測風雨하고 人有朝夕禍福이니라.
천유불측풍우　　인유조석화복

未歸三尺土하면 難保百年身이요 已歸三尺土하면 難保百年墳이니라.
미귀삼척토　　난보백년신　　이귀삼척토　　난보백년분

주해

• 薄暮(박모) : 저녁 무렵.
• 晡時(포시) : 오후 3~5시.
• 不測(불측) : 예측하지 못하다.
• 三尺土(삼척토) : 석 자 깊이의 흙 속.

11-15 『경행록』에 이런 말이 있다.

나무가 잘 자라면 뿌리가 튼튼하고

가지와 잎이 무성하여

기둥과 들보로 재목이 된다.

물 관리를 잘하면 근원이 왕성하고

흐름이 길어서 관개에 이롭고 널리 베푼다.

사람이 잘 크면 뜻과 기상이 크고 식견이 밝아

충성하고 의로운 선비가 되니 어찌 키우지 않으랴!

11-16 스스로 믿는 자는 남도 그를 믿으니

오나라와 월나라가 원수라도 형제 되고

스스로 의심하는 자는 남도 그를 의심하니

자신 이외에는 모두 적국이 된다.

景行錄云 木有所養이면 則根本固而枝葉茂하여 棟樑之材成하고
경행록운 목유소양   칙근본고이지엽무   동량지재성

水有所養이면 則泉源壯而流波長하여 灌漑之利博하고
수유소양   칙천원장이유파장   관개지리박

人有所養이면 則志氣大而識見明하여 忠義之士出이니 可不養哉아.
인유소양   칙지기대이식견명   충의지사출   가불양재

自信者는 人亦信之하나니 吳越이 皆兄弟요
자신자   인역신지   오월   개형제

自疑者는 人亦疑之하나니 身外皆敵國이니라.
자의자   인역의지   신외개적국

주해

• 固(고) : 굳다.
• 壯(장) : 왕성하다.
• 利博(리박) : 이로움이 크다.
• 可不~哉(가불~재) : 어찌 ~하지 않겠는가.
• 自疑者(자의자) : 자신을 의심하는 사람.
• 身外(신외) : 자신 외에.

11-17 의심이 드는 사람은
쓰지 말고
등용한 사람은
의심하지 말라.

11-18 『풍간』에 이런 말이 있다.
깊은 물속의 고기와
하늘 높이 날아가는 기러기는
높은 것은 활 쏘아 잡고 낮은 것은 낚을 수 있다.

오직 사람의 마음은
가까이에 있어도
속에 있는 마음을
헤아릴 수 없다.

疑人莫用하고 用人勿疑니라.
의인막용   용인물의

諷諫云 水底魚天邊雁은 高可射兮低可釣어니와
풍간운 수저어천변안   고가사혜저가조

惟有人心咫尺間하여 咫尺人心不可料니라.
유유인심지척간   지척인심불가료

주해 ··

• 莫用(막용) : 쓰지 말라.
• 諷諫(풍간) : 풍자로 사람을 깨우쳐 주는 책으로 자세한 것은 알려지지 않았다.
• 咫尺間(지척간) : 가까운 거리.
• 料(료) : 헤아리다.

11-19 호랑이를 그릴 때 가죽은 그릴 수 있지만
뼈는 그리기 어렵다.
사람을 알 때 얼굴은 알지만
마음을 알 수는 없다.

11-20 얼굴을 맞대고
함께 이야기를 해도
마음은 산 넘어
있는 것만 같다.

11-21 바다도 마르면
마침내 그 바닥을 볼 수 있지만
사람은 죽어도
그 마음을 알 수가 없다.

畫虎畫皮難畫骨이요 知人知面不知心이니라.
화 호 화 피 난 화 골　　지 인 지 면 불 지 심

對面共話하되 心隔千山이니라.
대 면 공 화　　심 격 천 산

海枯終見底나 人死不知心이니라.
해 고 종 견 저　　인 사 불 지 심

주해 ·

• 畫皮(화피) : 가죽을 그리다.
• 知面(지면) : 얼굴을 알다.
• 共話(공화) : 함께 이야기하다.
• 隔(격) : 떨어져 있다.
• 終(종) : 마침내.

11-22 태공이 말했다.
사람은 무릇 다가올 운명을
헤아릴 수 없고
바닷물은 말[斗]로 잴 수 없다.

11-23 『경행록』에 이런 말이 있다.
남과 원수를 맺는 것은 재앙의 씨를 심는 것이고
착한 일을 버리고 하지 않는 것은
스스로를 해치는 것이다.

11-24 만약 한쪽 말만 들으면
친한 사이가 문득
서로 멀어지게 됨을
알 수 있다.

太公曰 凡人은 不可逆相이요 海水는 不可斗量이니라.
태공왈 범인　불가역상　　해수　불가두량

景行錄云 結怨於人은 謂之種禍요 捨善不爲는 謂之自賊이니라.
경행록운 결원어인　위지종화　사선불위　위지자적

若聽一面說이면 便見相離別이니라.
약청일면설　　편견상리별

주해 ●

• 逆相(역상) : 미리 내다보다.　　　　• 斗量(두량) : 됫박질로 재다.
• 種禍(종화) : 화의 씨앗을 심다.　　• 捨善(사선) : 착한 일을 버리다.
• 自賊(자적) : 자신을 해치다.　　　　• 一面(일면) : 한쪽으로.

11-25 배부르고 따뜻하면
음란한 욕망이 생기고
굶주리고 추우면
올바른 생각이 피어난다.

11-26 소광이 말했다.
어진 사람이 재물 많으면
그 지조를 손상하게 되고
어리석은 사람이 재물 많으면 허물을 더한다.

11-27 사람이 가난하면
지혜가 짧아지고
복이 이르면
마음이 영특해진다.

飽煖에는 思淫慾하고 飢寒에는 發道心이니라.
포 난   사 음 욕   기 한   발 두 심

疏廣曰 賢人多財면 損其志하고 愚人多財면 益其過니라.
소 광 왈 현 인 다 재   손 기 지   우 인 다 재   익 기 과

人貧智短하고 福至心靈이니라.
인 빈 지 단   복 지 심 령

주해 •••••••••••••••••••••••••••••••••••••••

• 飢寒(기한) : 배고프고 춥다.
• 疏廣(소광) : 중국 진한의 학자로 자는 중옹(仲翁)이며, 『춘추(春秋)』에 정통했다고 한다. 태자
  의 스승이었는데 늙어서 사퇴하자 선재와 태자가 후한 재물을 하사했으나 그것을 벗들에게
  나눠 주었다. 그러자 자손을 생각해서 남겨 두라 하니 이처럼 말한 것이다.
• 多財(다재) : 재물이 많다.   • 智短(지단) : 지혜가 짧다.
• 心靈(심령) : 마음이 영명하다.

11-28 한 가지 일을 경험하지 않으면
한 가지 지혜를 펼치지 못한다.
백 번 듣는 것보다
한 번 보는 것이 낫다.

11-29 시비가 온종일
있을지라도
들으려 하지 않으면
저절로 없어진다.

11-30 와서 옳고 그름을
말하려는 사람이 바로
남에게 시비를 거는
사람이다.

不經一事면 不長一智니라.
불 경 일 사   부 장 일 지

是非終日有라도 不聽自然無니라.
시 비 종 일 유   불 청 자 연 무

來說是非者는 便是是非人이니라.
내 설 시 비 자   편 시 시 비 인

주해

• 經(경) : 겪다.
• 不聽(불청) : 듣지 않으려 하다.
• 來說(내설) : 와서 말하다.
• 便是是非(편시시비) : 시비를 걸다.

『격양시』에 이런 말이 있다.
평생 눈 찌푸릴 일을 만들지 않으면
세상에 이를 갈 사람이
없을 것이다.

큰 이름을 어떻게 돌덩이에
새길 것인가.
길 가는 사람의 말이
비석보다 나으리라.

11-31

11-32

사향을 지니면
저절로 향기가 나는데
어떻게 꼭 바람을
향해 서겠는가!

擊壤詩云 平生에 不作皺眉事면 世上에 應無切齒人이니
격양시운 평생   부작추미사   세상   응무절치인

大名을 豈在鐫頑石가 路上行人이 口勝碑니라.
대명   기재전완석   노상행인   구승비

有麝自然香이니 何必當風立고.
유사자연향   하필당풍립

🐟해 ●‧‧‧

• 皺眉(추미) : 눈살을 찌푸리다.
• 切齒(절치) : 이를 갈다.
• 鐫頑石(전완석) : 무딘 돌에 새기다.
• 麝(사) : 사향.

105

11-33

복이 있다고 다 누리지 말며
복이 다하면 몸이 가난하고
궁해질 것이다.
권세가 있다 해서 다 부리지 말라.

권세가 다하면
원수와 서로 만나게 된다.
복이 있거든
항상 스스로 아껴라.

권세가 있거든 늘 스스로 공손하라.
사람이 살면서
교만과 사치를 시작하면
끝이 없는 법이다.

有福莫享盡하라. 福盡身貧窮이요 有勢莫使盡하라.
유 복 막 향 진   복 진 신 빈 궁   유 세 막 사 진

勢盡冤相逢이니라. 福兮常自惜하고 勢兮常自恭하라.
세 진 원 상 봉   복 혜 상 자 석   세 혜 상 자 공

人生驕與侈는 有始多無終이니라.
인 생 교 여 치   유 시 다 무 종

주해 ●

• 勢(세) : 권세.
• 惜(석) : 아끼다.

11-34
왕참정의 〈사류명〉에 이런 말이 있다.
여유가 있어 다 쓰지 못한 재주는
남겨서 조물주에게 돌려주고
여유가 있어 다 쓰지 않은 녹봉은 조정에 돌려주라.

여유가 있어 다 쓰지 않은 재물은
남겼다가 백성에게 돌려주고
여유가 있어 다 쓰지 않은 복은
남겼다가 자손에게 돌려주라.

11-35
황금 천 냥이 귀한 것이 아니라
남에게서 듣는
좋은 말 한마디가
천금보다 더 낫다.

王參政四留銘曰 留有餘不盡之巧하여 以還造物하고
왕참정사류명왈 유유여부진지교   이환조물

留有餘不盡之祿하여 以還朝廷하고 留有餘不盡之財하여 以還百姓하고
유유여부진지록   이환조정   유유여부진지재   이환백성

留有餘不盡之福하여 以還子孫이니라.
유유여부진지복   이환자손

黃金千兩이 未爲貴요 得人一語가 勝千金이니라.
황금천량   미위귀   득인일어   승천금

주해

• 有餘不盡(유여부진) : 여유를 두고 다 쓰지 않다.
• 未爲貴(미위귀) : 귀하게 여기지 않다.
• 巧(교) : 재주.
• 勝千金(승천금) : 천금보다 낫다.

11-36
솜씨는 서투름의 몸종이고
괴로움은 즐거움의 어머니이다.
쓸모없는 것의 쓰임은
보이지 않는 것의 쓰임이 된다.

11-37
작은 배는 무겁게 실은 짐을
견디기가 어렵고
으슥한 길은 혼자 다니기가
마땅치 않다.

11-38
황금은 귀한 것이지만
편안하고 즐거운 것이
더 값지다 할 수 있다.
보이는 것보다 보이지 않는 것이 더 귀하다.

巧者는 拙之奴요 苦者는 樂之母니라.
교자　　졸지노　　고자　　락지모

小船은 難堪重載요 深逕은 不宜獨行이니라.
소선　　난감중재　　심경　　불의독행

黃金이 未是貴요 安樂이 値錢多니라.
황금　　미시귀　　안락　　치전다

• 拙(졸) : 서투르다, 재주가 없다.
• 堪(감) : 감당하다.
• 深逕(심경) : 깊은 길, 으슥한 길.
• 値錢(치전) : 값어치.

11-39 제 집에서 손님을
맞이할 줄 모르면
밖에 나갔을 때 비로소
맞아 줄 주인이 적음을 알게 된다.

11-40 가난하게 살면 북적대는 시장 거리에 살아도
서로 아는 체하는 사람이 없고
부유하게 잘살면 깊은 산골에 살아도
먼 데서 찾아오는 벗이 있다.

11-41 사람의 의리는
다 가난하면 끊어지고
세상의 인정은
돈 있는 집으로 쏠린다.

在家에 不會邀賓客이면 出外에 方知少主人이니라.
재가　　불회요빈객　　출외　　방지소주인

貧居鬧市無相識이요 富住深山有遠親이니라.
빈거료시무상식　　　부주심산유원친

人義는 盡從貧處斷이요 世情은 便向有錢家니라.
인의　　진종빈처단　　　세정　　변향유전가

주해

• 不會(불회) : ~할 줄 모른다.
• 邀(요) : 맞이하다.
• 方知(방지) : 비로소 알다.
• 鬧市(료시) : 시끌벅적한 시장.
• 相識(상식) : 서로 잘 알다.
• 遠親(원친) : 멀리서 찾아오는 친구.
• 從貧處斷(종빈처단) : 가난해서 끊어지다, 가난 때문에 끊어지다.

차라리 밑 빠진 항아리는
막을 수 있어도
코밑에 가로놓인 입은
막기가 어렵다.

사람의 정이란
모두 가난함 속에서
서먹해지는 것이다.
군색하면 인정이 달라진다.

말은 막기가 어려우니
늘 말조심을 해야 한다.
주머니에 찬바람 들면
벗이 떠나고 보이지 않는다.

寧塞無底缸이언정 難塞鼻下橫이니라.
영 색 무 저 항   난 색 비 하 횡

人情은 皆爲窘中疎니라.
인 정   개 위 군 중 소

 주해

• 無底缸(무저항) : 밑 빠진 독.
• 塞(색) : 막다.
• 窘(군) : 군색하다, 궁핍하다.
• 疎(소) : 멀어지다, 소원해지다.

11-44

『사기』에 이런 말이 있다.
하늘 제사는 교외에서 올릴 때나
사당에서 제례를 올릴 때도
술이 아니면 재향하지 못한다.

임금과 신하, 친구 간에도 술이 아니면
의리를 도탑게 할 수 없다.
다툰 뒤 화해할 때도 술이 있어 권한다.
술에 성공도 실패도 있으니 함부로 마시지 말라.

11-45

공자님이 말씀하셨다.
선비가 도에 뜻을 두고서
좋지 않은 옷이나 음식을 부끄러워한다면
함께 의논할 만하지 않다.

史記曰 郊天禮廟는 非酒不享이요 君臣朋友는 非酒不義요
사 기 왈 교 천 예 묘   비 주 불 향   군 신 붕 우   비 주 불 의

鬪爭相和는 非酒不勸이라 故로 酒有成敗나 而不可泛飮之니라.
투 쟁 상 화   비 주 불 권   고   주 유 성 패   이 불 가 범 음 지

子曰 士志於道而恥惡衣惡食者는 未足與議也니라.
자 왈 사 지 어 도 이 치 악 의 악 식 자   미 족 여 의 야

주해

- 史記(사기) : 사마담이 모은 자료를 바탕으로 그의 아들 사미천이 쓴 역사책으로, 상고(上古)의 황제부터 전한(前漢) 무제까지 역대 왕조의 사적을 엮었다.
- 郊天(교천) : 하늘에 교제를 지내다. 교제는 야외에서 하늘에 올리는 제사를 말한다.
- 禮廟(예묘) : 사당에서 제례를 올리다.   • 享(향) : 흠향하다.
- 泛飮之(범음지) : 함부로 술을 마시다.   • 未足(미족) : 아직 부족하다.

11-46 순자가 말했다.
선비 곁에 시샘하는 벗이 있으면 현명한 벗과 친해질 수 없고
임금 곁에 시기심 많은 신하가 있으면
좋은 신하가 오지 않는다.

11-47 하늘은 녹봉 없는
사람을 낳지 않고
땅은 이름 없는 풀을
자라게 하지 않는다.

11-48 큰 부자는
하늘이 정해 주고
작은 부자는
부지런함으로 정해진다.

荀子云 士有妬友면 則賢交不親하고 君有妬臣이면 則賢人不至니라.
순자운 사유투우　칙현교불친　　군유투신　　칙현인부지

天不生無祿之人하고 地不長無名之草니라.
천불생무록지인　　지불장무명지초

大富는 由天하고 小富는 由勤이니라.
대부　유천　　소부　유근

주해 ··

• 妬友(투우) : 질투하는 친구.
• 無名之草(무명지초) : 이름 없는 들풀.
• 由(유) : 말미암다. ~에 달려 있다.

11-49 집안을 일으킬 아이는
똥도 황금같이 여기고
집안을 망칠 아이는
황금 쓰기를 똥같이 한다.

11-50 소강절 선생이 말했다.
한가롭게 산다고
해로울 것이 없다 하지 말라.
그런 말 하자마자 방해가 생긴다.

입에 맞는 음식이라고 너무 먹으면 마침내 병나고
즐거운 일이 지나치면 재앙이 생긴다.
병나서 약 먹는 것보다는
병나기 전에 스스로 예방하는 것이 낫다.

成家之兒는 惜糞如金하고 敗家之兒는 用金如糞이니라.
성 가 지 아   식 분 여 금   패 가 지 아   용 금 여 분

康節邵先生曰 閑居에 愼勿說無妨하라. 纔說無妨便有妨이니라.
강 절 소 선 생 왈   한 거   신 물 설 무 방   재 설 무 방 변 유 방

爽口物多能作疾이요 快心事過必有殃이라. 與其病後能服藥으론
상 구 물 다 능 작 질   쾌 심 사 과 필 유 앙   여 기 병 후 능 복 약

不若病前能自防이니라.
불 약 병 전 능 자 방

🐝 주해 ●

• 成家(성가) : 집안을 잘 건사하다.   • 敗家(패가) : 집안을 망치다.
• 無妨(무방) : 거리낌이 없다.   • 纔(재) : 즉시, 곧.
• 爽口(상구) : 입에 맞다.   • 自防(자방) : 스스로 예방하다.

113

11-51

재동제군이 말했다.

아무리 신묘한 약이라도
원한 맺힌 병을 고치기는 어렵다.
갑자기 재물이 생겨도 명이 박하면 부자가 못 된다.

일을 만들어서 일이 생기면
그대는 원망하지 말라.
남을 해롭게 하려고 애쓰다가
도리어 남이 해롭게 해도 화내지 말라.

천지간의 일은 모두
되갚음이 있으니
멀게는 자손에게 있고
가깝게는 자신에게 있다.

梓潼帝君垂訓 妙藥이 難醫寃債病이요 橫財는 不富命窮人이라.
재동제군수훈 묘약 난의원채병 횡재 불부명궁인

生事事生을 君莫怨하고 害人人害를 汝休嗔하라.
생사사생 군막원 해인인해 여휴진

天地自然皆有報하니 遠在兒孫近在身이니라.
천지자연개유보 원재아손근재신

주해

• 梓潼帝君(재동제군) : 도교에서 받드는 신선으로 문창제군(文昌帝君)이라고도 한다. 목록 관장의 신이며, 『예지(禮志)』에 재동제군의 성이 장(張), 이름이 아자(亞子)이고 촉나라 칠곡산에 살았다고 전한다.
• 妙藥(묘약) : 신묘한 약.
• 寃債病(원채병) : 원한이 맺혀서 생긴 병.

11-52

꽃은 피고 지고 다시 피고
비단옷, 베옷도 바꿔 입는다.
호화찬란한 집도 늘 부귀하지는 않고
가난한 집도 늘 적막하지는 않다.

사람을 아무리 받쳐 주어도
하늘에까지 오르게 하지는 못한다.
사람을 마구 떠밀어도
구덩이에 굴러 떨어지지는 않는다.

당신에게 말하는데
무슨 일이든 하늘을 원망하지 말라.
하늘의 뜻은 사람에게
후하지도 박하지도 않다.

花落花開開又落하고 金衣布衣更換着이라. 豪家未必常當貴요
화 락 화 개 개 우 락   금 의 포 의 갱 환 착   호 가 미 필 상 당 귀

貧家未必長寂寞이라. 扶人未必上靑霄요 推人未必塡溝壑이라.
빈 가 미 필 장 적 막   부 인 미 필 상 청 소   추 인 미 필 전 구 학

勸君凡事를 莫怨天하라. 天意於人에 無厚薄이니라.
권 군 범 사   막 원 천   천 의 어 인   무 후 박

• 更換着(갱환착) : 다시 바꿔 입다.   • 扶(부) : 부축하다, 붙들다.
• 靑霄(청소) : 푸른 하늘.   • 推人(추인) : 사람을 밀다.
• 塡(진) : 구르다.   • 溝壑(구학) : 골짜기.

11-53

어쩌면 사람 마음이
사납기가 독사와 같으냐!
누가 알겠느냐?
하늘의 눈이 수레바퀴처럼 굴러가는 것을!

지난해에 마구 빼앗아 온
동쪽 이웃의 물건도
오늘은 다시 북쪽 집으로 돌아가네.
의롭지 않은 재물은 그런 것이다.

의롭지 않은 돈과 재물은 끓는 물에 눈 내리는 것과 같고
뜻밖에 얻은 논밭은 물에 씻긴 모래와 같다.
만일 간교한 속임수로 삶의 계획을 삼는다면
이는 아침에 피었다 저녁에 지는 꽃과 같다.

堪歎人이 心毒似蛇라 誰知天眼이 轉如車요. 去年妄取東隣物터니
감탄인　 심독사사　 수지천안　 전여차　　 거년망취동린물

今日還歸北舍家라. 無義錢財는 湯潑雪이요 儻來田地는 水推沙니라.
금일환귀북사가　 무의전재　 탕발설　 당래전지　 수추사

若將狡譎爲生計면 恰似朝開暮落花니라.
약장교휼위생계　 흡사조개모락화

주해

· 湯潑雪(탕발설) : 끓는 물에 눈 뿌리다.
· 儻來(당래) : 뜻밖에 오다.
· 推沙(추사) : 모래를 밀다.
· 狡譎(교휼) : 간교한 속임수.

11-54 약으로 공경과 재상의
목숨을 늘릴 수가 없고
돈으로 자손의 현명함을
사기가 어렵다네.

11-55 오늘 하루 맑고 한가로우면
하루 동안 신선이 된 기분이다.
하루를 살아도 그렇게 맑고
깨끗이 살다 가는 인생이고 싶다.

사람은 하늘을 이고 살아가는
허약한 목숨일 뿐이니
마음을 닦고 근신하여
구원 받는 길을 알아야 한다.

無藥可醫卿相壽요 有錢難買子孫賢이니라.
무 약 가 의 경 상 수   유 전 난 매 자 손 현

一日淸閑 一日仙이니라.
일 일 청 한 일 일 선

주해 ·

• 無藥可醫(무약가의) : 약으로 치유할 수 없다.
• 有錢難買(유전난매) : 돈으로 사기가 어렵다.
• 一日仙(일일선) : 하루 동안 신선이 되다.

제12편

성심편 하省心篇 下

반성하는 마음은 거울을 닦는 것이다.
흐려져서 잘 보이지 않는 거울은 거울이 아니다.
거울이 제 구실을 하려면 깨끗해야 한다.
그래야 있는 그대로를 비추게 된다.

반성할 줄 모르는 사람은 사람이 아니다.
독일과 일본은 2차 대전의 패전국으로서
그 값을 치뤄야 했다.
그러나 일본은 자신이 저지른 죄를 뉘우치지 않는다.

역사는 흐르고 시간은 되돌릴 수 없는데
흐려진 거울은 영원히 녹슬 쇠붙이가 되는가.
마음을 살피는 사람은 새롭게 자기 탄생을 하고
『명심보감』의 진리를 깨달을 것이다.

12-1 진종 황제의 글에 이런 말이 있다.

위험하고 험준함을 알면 죄의 그물에 걸리지 않고
선한 일을 찾고 어진 사람을 찾으면 편한 길이 열린다.
인을 베풀고 덕을 펴면 대대로 영예롭고 번창할 것이다.

미워하는 마음으로 원한을 갚으면 자손에게 근심을 남긴다.
남에게 손해가 되고 자신만 이롭게 한다면
끝까지 이름이 빛날 자손이 없을 것이다.
모든 이를 해롭게 하고 집안을 이룬다면 어찌 오랫동안 부귀
를 누리겠는가!

이름 갈고 몸 바꾸는 것은 모두
교묘한 말 때문에 일어나는 일이다.
재앙이 생기고 몸을 상하게 하는 것도 모두
어질지 못하기 때문에 일어나는 일이다.

眞宗皇帝御製曰 知危識險이면 終無羅網之門이요
진종황제어제왈 지위식험   종무나망지문

擧善薦賢이면 自有安身之路라. 施恩布德은 乃世代之榮昌이요
거선천현   자유안신지로   시은포덕   내세대지영창

懷妬報冤은 與子孫之爲患이라. 損人利己면 終無顯達雲仍이요
회투보원   여자손지위환   손인이기   종무현달운잉

損衆成家면 豈有長久富貴리요 改名異體는 皆因巧語而生이요
손중성가   기유장구부귀   개명이체   개인교어이생

禍起傷身은 皆是不仁之끔니라.
화기상신   개시불인지소

주해

• 眞宗皇帝(진종 황제) : 중국 북송의 3대 황제로 재위 기간은 997~1022년이다.
• 擧善薦賢(거선천현) : 착한 사람과 현명한 사람을 천거하다.
• 懷妬報冤(회투보원) : 질투하는 마음을 품고 원수를 갚다.
• 禍起傷身(화기상신) : 홧김에 몸을 다치게 하다.

12-2

신종 황제의 글에 이런 말이 있다.

도리 아니게 얻은 재물을 멀리하고 지나치게 술 취하지 말라.

반드시 이웃과 벗은 가려서 사귀어라.

시기와 질투를 마음에서 일으키지 말라.

헐뜯는 말을 입에 담지 말고

가난한 친척을 소홀히 하지 말며

부유한 사람을 후하게 대하지도 말고

자신을 이겨 내며 부지런하고 검소하게 살라.

모든 이를 사랑함에 겸손과 온화함으로 우선하고

늘 지난날의 자기 잘못을 생각하여 오늘의 허물을 알라.

만일 내 말을 좇아서 나라와 집안을 잘 다스리면

오랫동안 이어 갈 것이다.

神宗皇帝御製 遠非道之財하고 戒過度之酒하며 居必擇隣하고 交必擇友하며
신종황제어제 원비도지재　　계과도지주　　거필택린　　교필택우

嫉妬를 勿起於心하고 讒言을 勿宣於口하며 骨肉貧者를 莫疎하고
질투　물기어심　　참언　물선어구　　골육빈자　막소

他人富者를 莫厚하며 克己는 以勤儉爲先하고 愛衆은 以謙和爲首하며
타인부자　막후　극기　이근검위선　　애중　이겸화위수

常思已往之非하고 每念未來之咎하라. 若依朕之斯言이면 治國家而可久니라.
상사이왕지비　　매념미래지구　　약의짐지사언　　치국가이가구

• 神宗皇帝(신종 황제) : 중국 북송의 6대 황제로 재위 기간은 1068~1085년이다. 왕안석을 등
용하여 신법을 시행했다.

• 非道之財(비도지재) : 올바르지 않은 재물.

• 居必擇(거필택) : 살아가는 데 반드시 이웃을 가려라.　• 已往(이왕) : 이미 지나가다.

• 咎(구) : 허물.　• 依(의) : 따르다.

12-3

고종 황제의 글에 이런 말이 있다.

깜박이는 불티 한 점이 만 이랑의 섶을 태울 수 있고

반 마디 그릇된 말이 평생의 덕을 허물어뜨린다.

실오라기 하나 몸에 걸쳐도 늘 베 짜는 이의 수고를 생각하라.

하루 세 끼 밥을 먹을 때마다 농민의 수고를 생각하라.

함부로 탐내고 시기하여 남에게 손해를 끼치면

끝내는 10년의 편안함도 없을 것이다.

선을 쌓고 인(仁)을 보존하면 후손이 영화로울 것이다.

행복한 봉록과 선함, 경사로운 일은

대부분 선행을 쌓아서 생긴 것이다.

성인의 경지에 이르고 평범함을 초월하는 것은

모두가 신실한 데서 비롯된다.

高宗皇帝御製 一星之火도 能燒萬頃之薪하고
고종 황제 어제 　 일성지화 　 　 능소만경지신

半句非言도 誤損平生之德이라. 身被一縷나 常思織女之勞하고
반구비언 　 　 오손평생지덕 　 　 신피일루 　 　 상사직녀지노

日食三飱이나 每念農夫之苦하라. 苟貪妬損이면 終無十載安康하고
일식삼손 　 　 매념농부지고 　 　 구탐투손 　 　 종무십재안강

積善存仁이면 必有榮華後裔니라. 福緣善慶은 多因積行而生이요
적선존인 　 　 필유영화후예 　 　 복연선경 　 　 다인적행이생

入聖超凡은 盡是眞實而得이니라.
입성초범 　 　 진시진실이득

• 高宗皇帝(고종 황제) : 중국 남송의 1대 황제로 재위 기간은 1127~1162년이다.

• 一星之火(일성지화) : 한 점의 불티, 별똥만 한 불티. 　 • 一縷(일루) : 한 올의 실.

• 入聖超凡(입성초범) : 성인의 경지에 올라 평범함을 초월하다.

123

12-4
왕량이 말했다.
그 임금을 알려면 먼저 그 신하를 보고
그 사람을 알려면 먼저 그 벗을 보라.
그 아버지를 알려면 먼저 그 자식을 보면 된다.

임금이 성스러우면 반드시
그 신하도 충성스러울 수밖에 없고
아버지가 자애로우면 반드시
그 자식도 효성스러울 수밖에 없다.

12-5
『공자가어』에 이런 말이 있다.
물이 너무 맑으면 고기가 없고
사람이 너무 살피고 까다로우면
따르는 무리가 없다.

王良曰 欲知其君이면 先視其臣하고 欲知其人이면 先視其友하고
왕 량 왈　욕 지 기 군　　선 시 기 신　　욕 지 기 인　　선 시 기 우

欲知其父이면 先視其子하라. 君聖臣忠하고 父慈子孝이니라.
욕 지 기 부　　선 시 기 자　　군 성 신 충　　부 자 자 효

家語云 水至淸則無魚하고 人至察則無徒니라.
가 어 운 수 지 청 즉 무 어　　인 지 찰 즉 무 도

주해

• 王良(왕량) : 중국 한나라 사람으로 자는 중자(仲子)이다. 한나라를 찬탈한 왕망이 벼슬을 주
겠다고 여러 번 불렀으나 응하지 않았다.
• 欲知(욕지) : 알고 싶다.　　　　　　• 先視(선시) : 먼저 보다.
• 家語(가어) : 공자님의 언행, 제자들과의 대화를 모아 엮은 책인『공자가어(孔子家語)』를 말한다.
• 徒(도) : 무리, 친구.

12-6 허경종이 말했다.

봄비 내리면 땅이 기름지고 좋지만
길 가는 사람은 그 진흙탕의
질퍽거림을 싫어한다.

가을 달빛이
휘황하게 밝아도
밤도둑은 거울 속같이
밝게 비치니 싫어한다.

12-7 『경행록』에 이런 말이 있다.

대장부는 착함을 잘 보아
명예와 절개를 태산보다 무겁게 여기고
마음이 굳세어 죽고 사는 것을 기러기 털보다 가벼이 여긴다.

許敬宗曰 春雨가 如膏나 行人은 惡其泥濘하고
허경종왈 춘우 여고 행인 오기니녕

秋月이 揚輝나 盜者는 憎其照鑑이니라.
추월 양휘 도자 증기조감

景行錄云 大丈夫는 見善明故로 重名節於泰山하고
경행록운 대장부 견선명고 중명절어태산

用心剛故로 輕死生於鴻毛니라.
용심강고 경사생어홍모

주해

- 許敬宗(허경종) : 중국 당나라 고종 때의 재상으로 자는 연족(延族)이다.
- 膏(고) : 기름.
- 泥濘(니녕) : 진창.
- 照鑑(조감) : 밝게 비치다.
- 名節(명절) : 명예와 절개.
- 鴻毛(홍모) : 기러기 털.

12-8 남의 흉한 것을 민망히 여기고
남의 착한 것을 즐겁게 여겨라.
남이 다급할 때 건져 주고
남이 위험할 때 도와주어라.

12-9 내 눈으로 직접 보고도 오히려
다 진실하지 않을까 두려운데
등 뒤에서 하는 말만 듣고
어찌 족히 믿을 만하겠는가!

12-10 자기 집 두레박 줄이
짧은 것은 원망 않고
남의 집 우물만
깊다고 한탄하는가!

憫人之凶하고 樂人之善하며 濟人之急하고 救人之危니라.
민인지흉　　　　락인지선　　　　제인지급　　　　구인지위

經目之事도 恐未皆眞이어늘 背後之言을 豈足深信이리오.
경목지사　　　공미개진　　　　배후지언　　　기족심신

不恨自家汲繩短하고 只恨他家苦井深이로다.
불한자가급승단　　　　지한타가고정심

주해

• 憫(민) : 민망히 여기다.
• 濟(제) : 구제하다, 도와주다.
• 經目(경목) : 눈으로 직접 보다.
• 汲繩(급승) : 두레박 줄.

12-11 뇌물과 부정부패가
온 세상에 넘쳐나도
죄는 박복한 사람을
얽어매는 법이다.

12-12 하늘이 만약 일정한 법도를 바꾸면
바람이 불고 비가 내린다.
사람이 만약 일정한 법도를 어기면
병이 들든지 곧 죽게 된다.

12-13 〈장원시〉에 이르기를, 나라가 바르면 하늘도 순해지고
관청이 맑으면 백성이 편하며
아내가 어질면 남편의 재앙이 줄어들고
자식이 효도하면 부모가 너그럽다.

臟濫이 滿天下하되 罪拘薄福人이니라.
장람　만천하　　죄구박복인

天若改常이면 不風卽雨요 人若改常이면 不病卽死니라.
천약개상　　불풍즉우　인약개상　　불병즉사

壯元詩云 國正天心順이요 官淸民自安이라. 妻賢夫過少요 子孝父心寬이니라.
장원시운 국정천심순　　관청민자안　　　처현부과소　자효부심관

주해

• 臟濫(장람) : 뇌물을 받고 부정한 짓을 하다.　　• 罪拘(죄구) : 죄로 걸려들다.

• 改常(개상) : 일정한 법도를 바꾸다.

• 壯元詩(장원시) : 오언절구의 시로 작자 미상이다.

• 心寬(심관) : 마음이 관대하다.

12-14 공자님이 말씀하셨다.
나무가 먹줄을 따르면 곧아지고
사람이 간언을 받아들이면
성스러워진다.

12-15 한 줄기 저 푸른 산 풍경이 그윽하네.
앞사람의 논밭 뒷사람이 거두는구나.
뒷사람은 거두었다 좋아할 것 없네.
다시 거둘 사람이 뒤에 있구나.

12-16 소동파가 말했다.
까닭 없이 천금을 얻는 것은
큰 복이 될 수 없고
반드시 큰 재앙이 따를 것이다.

子曰 木從繩則直하고 人受諫則聖이니라.
자왈 목종승칙직   인수간칙성

一派靑山景色幽러니 前人田土後人收라. 後人收得莫歡喜하라.
일파청산경색유   전인전토후인수   후인수득막환희

更有收人在後頭니라.
갱유수인재후두

蘇東坡曰 無故而得千金이면 不有大福이라 必有大禍니라.
소동파왈 무고이득천금   불유대복   필유대화

주해

- 繩(승) : 먹줄.   • 幽(유) : 그윽하다.   • 後頭(후두) : 뒤쪽.
- 蘇東坡(소동파) : 중국 북송의 문인으로 이름은 식(軾), 자는 자첨(子瞻)이고 동파는 호이다.
  당송 팔대가의 한 사람으로 시, 산문, 그림, 글씨도 뛰어났다.
- 無故(무고) : 까닭 없이.

소강절 선생이 말했다.
어떤 이가 내게 와서
점을 쳐 보라고 말했다.
어떻게 하면 재앙이 되는가?

또 어떻게 하면 복이 되는가?
하고 묻기에
남을 해롭게 하면 재앙이 되고
남이 나를 해롭게 하면 복이 된다고 했다.

12-18

집이 커서 천 칸이라도
밤에 눕는 곳은 여덟 자뿐이다.
좋은 전답이 만 이랑 있어도
하루 양식은 두 되뿐이다.

康節邵先生曰 有人이 來問卜하되 如何是禍福고 我虧人是禍요
강절소선생왈 유인　래문복　　여하시화복　아휴인시화

人虧我是福이니라.
인휴아시복

大廈千間이라도 夜臥八尺이요 良田萬頃이라도 日食二升이니라.
대하천간　　야와팔척　량전만경　　일식이승

• 問卜(문복) : 점을 묻다.
• 大廈(대하) : 큰 집.
• 夜臥(야와) : 밤에 눕는 자리.
• 萬頃(만경) : 만 이랑.

12-19 오래 신세 지면 천덕꾸러기 되고
자주 들락거리면 친한 사이도 멀어진다.
겨우 사흘이나 닷새 만에 만나도
서로 처음 보았을 때만 못하다.

12-20 목 마를 때 물 한 방울이
꿀맛 이슬과도 같은데
취한 뒤 한 잔 술은
없는 것이 더 낫다.

12-21 술이 사람을 취하게 하는 것이 아니라
사람이 스스로 취하는 것이다.
여색이 사람을 미혹하는 것이 아니라
스스로 미혹되는 것이다.

久住令人賤이요 頻來親也疎라. 但看三五日에 相見不如初라.
구주 영인천   빈래친야소   단간삼오일   상견불여초

渴時一滴은 如甘露요 醉後添盃는 不如無니라.
갈시일적   여감로   취후첨배   불여무

酒不醉人人自醉요 色不迷人人自迷니라.
주불취인인자취   색불미인인자미

 주해

- 久住(구주) : 오래 머물다, 오래 신세 지다.
- 頻來(빈래) : 자주 오다.
- 不如無(불여무) : 없는 것만 같지 않다, 없는 게 낫다.
- 人自醉(인자취) : 사람이 스스로 취하다.
- 色不迷(색불미) : 여색이 미혹하지 않다.
- 令(영) : ~하게 하다.
- 渴時(갈시) : 목 마를 때.

12-22 공적인 것을 위하는 마음이 개인을 위한 마음 같다면
무슨 일이든 옳고 그름을 가려 내지 못하랴!
도(道)를 찾는 마음이 정욕 같다면
부처님도 되고 시간도 많을 것이다.

12-23 염계 선생이 말했다.
교묘한 이는 말 잘하고 졸렬한 이는 말이 없다.
교묘한 이는 수고 많고 졸렬한 이는 편할 뿐이다.
교묘한 이는 패악하나 졸렬한 이는 덕스럽다.

교묘한 이는 흉하고 졸렬한 이는 길하다.
아아 천하가 졸렬하면 형벌이 끝나고
윗사람은 편안하고 아랫사람은 온순하며
풍속이 맑아지고 폐습은 끊어진다.

公心이 若比私心이면 何事不辨이며 道念이 若同情念이면 成佛多時니라.
공심   약비사심   하사불변   도념   약동정념   성불다시

濂溪先生曰 巧者言하고 拙者黙하며 巧者勞하고 拙者逸하며
염계선생왈 교자언   졸자묵   교자노   졸자일

巧者賊하고 拙者德하며 巧者凶하고 拙者吉하나니 嗚呼라 天下拙이면
교자적   졸자덕   교자흉   졸자길   오호   천하졸

刑政이 徹하여 上安下順하며 風淸弊絶이니라.
형정   철   상안하순   풍청폐절

주해

- 公心(공심) : 공적인 것을 위하는 마음.
- 濂溪(염계) : 중국 북송의 사상가인 주염계를 말한다. 이름은 돈이(敦頤), 자는 무숙(茂叔)이고 염계는 아호이다. 성리학의 시조로 불린다.
- 逸(일) : 편안하다.   • 徹(철) : 없어지다, 거두어 폐하다.

12-24 『주역』에 이런 말이 있다.

덕이 미미하면서도 지위가 높고

지혜가 적으면서도 꾀하는 것이 크면

재앙을 없애는 것도 드물 것이다.

12-25 『설원』에 이런 말이 있다.

관리는 벼슬자리가

이루어지는 데서 게을러지고

질병은 좀 나은 데서 더해진다.

재앙은 게으르고 나태한 데서 생기고

효도는 처자식이 생기는 데서 사라진다.

이 네 가지를 살펴서

처음처럼 나중에도 삼가야 한다.

易曰 德微而位尊하고 智小而謀大면 無禍者鮮矣니라.
역왈 덕미이위존   지소이모대   무화자선의

說苑云 官怠於宦成하고 病加於小愈하며 禍生於懈怠하고 孝衰於妻子니
설원운 관태어환성   병가어소유   화생어해태   효쇠어처자

察此四者하여 愼終如始니라.
찰차사자   신종여시

- **易(역)** : 은나라와 주나라의 교체 시기에 쓰인 점술서 『주역(周易)』을 말한다. 만상(萬象)을 음양 이원으로 설명하여 그 으뜸을 태극이라 하고 거기서 64괘를 만들었으며 이에 맞춰 철학, 윤리, 정치상의 해석을 덧붙였다.
- **說苑(설원)** : 중국 전한 시대에 유향(劉向)이 유명한 사람들의 일화를 모아 편찬한 책이다.
- **宦(환)** : 벼슬.　　　　　　• **愼終如始(신종여시)** : 처음부터 끝까지 신중하게 하다.

12-26
그릇이 가득 차면
넘치고
사람이 자만하면
잃는다.

12-27
한 자나 되는 구슬이
보배가 아니다.
몹시 짧은 시간도
더 아껴라.

12-28
양고깃국이
비록 맛이 있다 해도
여러 사람의 입에
맞추기는 어렵다.

器滿則溢하고 人滿則喪이니라.
기 만 칙 일   인 만 칙 상

尺璧非寶요 寸陰是競이니라.
척 벽 비 보   촌 음 시 경

羊羹이 雖美나 衆口를 難調니라.
양 갱   수 미   중 구   난 조

주해

• 溢(일) : 넘쳐흐르다.
• 尺璧(척벽) : 한 자의 옥구슬.
• 競(경) : 다투다.
• 美(미) : 맛이 좋다.

• 喪(상) : 잃다.
• 寸陰(촌음) : 한 치의 짧은 시간.
• 羊羹(양갱) : 양고깃국.
• 難調(난조) : 맞추기 어렵다.

12-29 『익지서』에 이런 말이 있다.

흰 옥은 진흙 속에 던져 놓아도
그 빛이 더러워지지 않고
군자는 혼탁 속에서도 마음이 더럽거나 어지럽지 않다.

소나무와 잣나무는
눈보라와 서리를 견뎌 내고
밝은 지혜는
위험과 어려움을 견딜 수 있다.

12-30 산속에 들어가
호랑이 잡기는 쉬어도
남에게 충고하기란
정말 어렵다.

益智書云 白玉은 投於泥塗라도 不能汚穢其色이요
익지서운 백옥　 투어니도　　 불능오예기색

君子는 行於濁地라도 不能染亂其心하나니
군자　 행어탁지　　 불능염란기심

故로 松栢은 可以耐雪霜이요 明智는 可以涉艱危니라.
고　 송백　 가이내설상　　 명지　 가이섭간위

入山擒虎易하고 開口告人難이니라.
입산금호이　　 개구고인난

주해

• 泥塗(니도) : 진흙.
• 染亂(염란) : 나쁘게 물들이고 어지럽게 하다.
• 擒虎(금호) : 호랑이를 잡다.
• 汚穢(오예) : 더럽히다.
• 涉(섭) : 건너다, 극복하다.
• 告人(고인) : 남에게 알리다(충고하다).

12-31 먼 곳에 있는 물은
코앞의 불을 끌 수 없고
먼 데 사는 친척은
가까운 이웃만 못하다.

12-32 강태공이 말했다.
해와 달이 아무리 밝아도
엎어 놓은 단지 밑을
결코 비출 수는 없다.

칼날이 비록 날카로워도
죄 없는 이를 함부로 베지 못하고
나쁜 재앙과 횡액은
삼가는 집의 문 안에 들어가지 못한다.

遠水는 不救近火요 遠親은 不如近隣이니라.
원수　불구근화　원친　불여근린

太公曰 日月이 雖明이나 不照覆盆之下하고 刀刃이 雖快나
태공왈 일월　수명　　불조복분지하　　도인　수쾌

不斬無罪之人하고 非災橫禍는 不入愼家之門이니라.
불참무죄지인　　비재횡화　불입신가지문

주해 ●‥‥‥‥‥‥‥‥‥‥‥‥‥‥‥‥‥‥‥

• 不救(불구) : 구원할 수 없다.　　• 覆盆(복분) : 엎어 놓은 단지.
• 刀刃(도인) : 칼날.　　　　　　• 快(쾌) : 날카롭다.
• 非災(비재) : 뜻밖의 재앙.

12-33 강태공이 말했다.

좋은 밭이 만 이랑 있어도

하찮은 재주를

몸에 지닌 것만 못하다.

12-34 성리서에 이런 말이 있다.

사물을 접하는 요체는,

내가 원하지 않는 바를 남에게 베풀지 말고

행동에도 얻음이 없거든 돌이켜 자신한테서 원인을 찾아라.

12-35 술과 여색과 재물과 기운의 네 가지 담 안에

많은 어진 이와 어리석은 이가 행랑채에 있네.

만약 세상 사람이 여기를 뛰쳐나오면

곧 신선이 되어 죽지 않는 처방이라네.

太公曰 良田萬頃이 不如薄藝隨身이니라.
태 공 왈 양 전 만 경   불 여 박 예 수 신

性理書云 接物之要는 己所不欲을 勿施於人하고 行有不得이어든
성 리 서 운 접 물 지 요   기 소 불 욕   물 시 어 인   행 유 불 득

反求諸己니라.
반 구 제 기

酒色財氣四堵墻에 多少賢愚在內廂이라. 若有世人이 跳得出이면
주 색 재 기 사 도 장   다 소 현 우 재 내 상   약 유 세 인   도 득 출

便是神仙不死方이니라.
변 시 신 선 부 사 방

주해

• 薄藝(박예) : 보잘것없는 기예(재주).
• 接物之要(접물지요) : 사물을 접하는 요체.
• 不欲(불욕) : 하고 싶지 않다.
• 勿施於人(물시어인) : 남에게 시키지 말라.
• 反求諸己(반구제기) : 도리어 자기에게 구하다.
• 廂(상) : 사랑채, 행랑.
• 方(방) : 처방.

제13편

입교편立教篇

1930년대 〈상록수〉 채영신의
배워야 산다는 목소리에
우리는 피가 묻어 나오던 서럽던 가슴마다에
야학에라도 다니며 배웠다.

1960년대 6.25 잿더미 위에서
교육은 백년지대계라고 외치며
굶주린 배를 움켜잡고서도
학교로 몰려갔다.

그 덕에 한강의 기적이 일어났고
이웃 나라 먼 나라까지 도우며
가르치고 살아온 겨레 대한민국!
그 엄청난 세월 속에 나라를 일으켰다.

공자님이 말씀하셨다.

사람으로서 일어서는 데는

도의가 있으니

그 근본은 바로 효도이다.

장사에도 예의가 있으니

슬퍼함이 근본이다.

전쟁판에도 그 대열이 있으니

용맹이 근본이다.

정치하는 데는 이치가 있으니 농사가 근본이요

나라 지키는 데도 원칙이 있으니 후사가 근본이고

재물을 생산하는 데도 때가 있으니

역량이 근본이 된다.

子曰 立身有義하니 而孝爲本이요 喪祀有禮하니 而哀爲本이요
자 왈 입신유의　　이효위본　　상사유례　　이애위본

戰陣有列하니 而勇爲本이요 治政有理하니 而農爲本이요
전진유열　　이용위본　　치정유리　　이농위본

居國有道하니 而嗣爲本이요 生財有時하니 而力爲本이니라.
거국유도　　이사위본　　생재유시　　이력위본

주해 ●

• 喪祀(상사) : 초상과 제사.

• 戰陣(전진) : 전쟁에서 진을 치는 것.

• 嗣(사) : 후사.

13-2 『경행록』에 이런 말이 있다.

정치를 하는 요체는 공정과 청렴이다.

집안을 이루는 원칙은

검소함과 부지런함이다.

13-3 책을 읽는 것은

집안을 일으키는 근본이 되고

이치를 따르는 것은

집안을 잘 보존하는 근본이 된다.

부지런하고 검소한 것은

집안을 다스리는 근본이 되고

화목하고 순종하는 것은

집안을 평안하게 지키는 근본이 된다.

景行錄云 爲政之要는 曰公與淸이요 成家之道는 曰儉與勤이니라.
경행록운 위정지요   왈공여청   성가지도   왈검여근

讀書는 起家之本이요 循理은 保家之本이요 勤儉은 治家之本이요
독서   기가지본   순리   보가지본   근검   치가지본

和順은 齊家之本이니라.
화순   제가지본

주해

• 爲政之要(위정지요) : 정치를 하는 요체.

• 道(도) : 원칙.

• 循理(순리) : 이치를 따르다.

• 齊家(제가) : 집안을 가지런히 하다. 집안을 돌보다.

13-4 『공자삼계도』에 이런 말이 있다.

일생의 계획은 어릴 때에 있고
일 년의 계획은 봄에 있으며
오늘 하루의 계획은 새벽에 있다.

어려서 배우지 않으면
늙어서 아는 게 있을 수 없고
봄에 밭을 갈지 않으면
가을에 무엇을 바라겠느냐.

새벽에 일어나지 않으면
오늘 가려서 할 일이
있을 수 없으니
공치는 날이 되기 쉽다.

孔子三計圖云 一生之計는 在於幼하고 一年之計는 在於春하고
공자삼계도운 일생지계　재어유　　일년지계　재어춘

一日之計는 在於寅이니 幼而不學이면 老無所知요 春若不耕이면
일일지계　재어인　　유이불학　　노무소지　춘약불경

秋無所望이요 寅若不起면 日無所辦이니라.
추무소망　　인약불기　일무소판

🌱 주해 ●‧‧

• 孔子三計圖(공자삼계도) : 작자 미상이며 그 내용도 알려지지 않은 책이다.
• 幼(유) : 어리다.
• 寅(인) : 인시, 새벽 3~5시.

13-5

성리서에 이런 말이 있다.
다섯 가지 가르침의 조목이 있다.
아버지와 자식 사이에는
친함이 있어야 한다.

임금과 신하 사이에는
의리가 있어야 하고
남편과 아내 사이에는
분별이 있어야 한다.

어른과 아이 사이에는
차례가 있어야 하고
친구와 친구 사이에는
믿음이 있어야 한다.

性理書云 五敎之目은 父子有親하고 君臣有義하고 夫婦有別하고
성리서운 오교지목　부자유친　　군신유의　　　부부유별

長幼有序하고 朋友有信이니라.
장유유서　　붕우유신

• 五敎(오교) : 오륜(五倫)의 전문(全文).
• 目(목) : 조목, 세목, 항목.
• 序(서) : 차례, 순서.

142

13-6 세 가지 벼리가 있는데,
벼리란 그물을 잡아당기는
그물줄을 말한다.
임금은 신하의 벼리가 되어야 한다.

아버지는 자식의 벼리가 되고
남편은 아내의 벼리가 된다.
이 예법은 반고가 쓴『백호통』의
〈삼강육기〉에 처음 나왔다.

13-7 왕촉이 말했다.
충신은 두 임금을 섬기지 않고
열녀는 두 지아비를
거치지 않는다.

三綱은 君爲臣綱이요 父爲子綱이요 夫爲婦綱이니라.
삼 강   군 위 신 강   부 위 자 강   부 위 부 강

王蠋曰 忠臣은 不事二君이요 烈女는 不更二夫니라.
왕 촉 왈 충 신   불 사 이 군   열 녀   불 경 이 부

주해

- 三綱(삼강) : 삼강오륜(三綱五倫)의 삼강으로 유교의 도덕에서 기본이 되는 세 가지 강령이다. 강은 벼리, 즉 그물의 위쪽 코를 꿰어 놓은 줄로서 그물을 끌어 올릴 때 잡아당기는 그물줄을 말한다.
- 王蠋(왕촉) : 중국 전국 시대 제나라 사람으로 이웃 연나라에 패배하자 끝까지 항복하지 않고 버티다 자살했다.
- 烈女(열녀) : 유향(劉向)이 쓴『열녀전』에는 정절을 지킨 여인의 이야기가 있다. 제나라의 대부 기식(杞植)의 아내는 남편의 부음에 통곡했는데 그 곡소리에 성벽이 무너졌고, 결국 아내가 물에 뛰어들어 죽었다는 불사이부(不事二夫)의 내용이다.

13-8 충자가 말했다

벼슬길에는 공평만 한 것이 없고

재물 관리는 무엇보다도

청렴만 한 것이 없다.

13-9(1) 장사숙의 좌우명에 이런 말이 있다.

말을 할 때는 반드시 충성되고

믿음이 있어야 한다.

믿음이 담기지 않은 말은 안 된다.

무릇 행실은 반드시

돈독하고 공경스럽게 한다.

음식은 반드시 삼가고

절도가 있어야 한다.

忠子曰 治官에는 莫若平이요 臨財에는 莫若廉이니라.
충자왈 치관　　막약평　　임재　　막약렴

張思叔座右銘曰 凡語를 必忠信하며 凡行을 必篤敬하며 飮食을 必愼節하며
장사숙좌우명왈 범어　필충신　　범행　필독경　　음식　필신절

주해

- 忠子(충자) : 알려지지 않은 인물이다.
- 平(평) : 공평함.
- 臨財(임재) : 재물을 대하다.
- 張思叔(장사숙) : 중국 북송의 사상가로 이름은 역(繹)이고 사숙은 자이다. 정이천의 제자였다.
- 座右銘(좌우명) : 자리 오른쪽에 써 두고 늘 스스로 경계하는 짧은 글귀.

144

13-9(2) 글자는 반드시 반듯하고
똑바르게 써야 한다.
용모는 단정하고 씩씩하게 하며
의관은 반드시 정제하고 엄숙히 한다.

걸음걸이는 편안하고 점잖아야 하고
사는 집은 반드시 바르고 조용하게 한다.
일할 때는 반드시 계획을 세워 시작하고
말할 때는 반드시 그 실천을 생각해야 한다.

언제나 덕을 반드시 굳게 지키고
일을 허락하는 것은
반드시 신중하게 응해야 한다.
여기에 신실함을 더해야 한다.

字劃을 必楷正하며 容貌를 必端莊하며 衣冠을 必整肅하며
자획　　필해정　　용모　　필단장　　　의관　　필정숙

步履를 必安詳하며 居處를 必正靜하며 作事를 必謀始하며
보리　　필안상　　거처　　필정정　　　작사　　필모시

出言을 必顧行하며 常德을 必固持하며 然諾을 必重應하며
출언　　필고행　　상덕　　필고지　　　연락　　필중응

주해 ·

• 楷正(해정) : 반듯하고 바르게.　　• 步履(보리) : 걸음걸이.
• 安詳(안상) : 편안하고도 가볍게.　• 謀始(모시) : 계획을 세워 시작하다.
• 固持(고지) : 굳게 지키다.　　　　• 然諾(연락) : 그렇다고 대답하다.
• 重應(중응) : 신중하게 응하다.

착한 것을 보거든
그것이 자기에게서 나온 것처럼 하고
악한 것을 보거든
자기가 아픈 것처럼 앓으며 감당하라.

무릇 이상의 열네 가지는
모두 내가 아직 깊이 있게
살피지 못한 것이라 여겨라.
늘 자신을 돌아보는 기회로 삼아라.

이것을 써서
자리의 오른쪽에 붙여 놓고
아침저녁으로 보고
스스로 경계해야 할 것이다.

見善如己出하며 見惡如己病하라. 凡此十四者는 皆我未深省이라.
견 선 여 기 출   견 악 여 기 병   범 차 십 사 자   개 아 미 심 성

書此當座右하여 朝夕視爲警하노라.
서 차 당 좌 우   조 석 시 위 경

주해 ·

• 深省(심성) : 깊이 살피다.
• 座右(좌우) : 자리 오른쪽.
• 警(경) : 경계, 경구.

13-10(1)

범익겸의 좌우명에 이런 말이 있다.

첫째, 조정에서는 이해관계,

변방의 보고와 관직 임명에 대해

말하지 않는다.

둘째, 주와 현 지방 관원의 좋은 점과 나쁜 점,

그리고 얻음과 잃음에 대해 말하지 않는다.

셋째, 사람의 잘못과 악한 일에 대해

말하지 않는다.

넷째, 벼슬자리 오르면서 눈치로

세력에 빌붙는 일은 일체 말하지 않는다.

다섯째, 재물의 많고 적음과

가난을 싫어하여 부자 되기를 구하는 말을 하지 않는다.

范益謙座右銘曰 一不言朝廷利害邊報差除요
범 익 겸 좌 우 명 왈 일 불 언 조 정 리 해 변 보 차 제

二不言州縣官員長短得失이요 三不言衆人所作過惡之事요
이 불 언 주 현 관 원 장 단 득 실 　 　 삼 불 언 중 인 소 작 과 악 지 사

四不言仕進官職趨時附勢요 五不言財利多少厭貧求富요
사 불 언 사 진 관 직 추 시 부 세 　 오 불 언 재 이 다 소 염 빈 구 부

• 范益謙(범익겸) : 중국 남송의 학자로 이름은 충(沖)이고 익겸은 자이다.

• 邊報(변보) : 변방의 보고(소식).

• 差除(차제) : 관리를 파견하여 벼슬에 임명함.

• 州縣(주현) : 지방 행정 단위인 주와 현.

• 趨時附勢(추시부세) : 때에 따라 권세에 아부하다.

13-10(2)

여섯째, 음란한 농이나 여색을 평하는
논의에 끼어들거나 말하지 않는다.
일곱째, 다른 사람의 물건을 요구하거나
술과 음식을 얻으려는 말을 하지 않는다.

또 남이 부탁한 편지를
중간에 몰래 뜯어보거나 지체시켜서는 안 되고
남과 같이 앉아 있을 때는
남의 글을 엿보지 않는다.

무릇 남의 집에 들어갔을 때는
남이 지어 놓은 글을 보지 않는다.
남의 물건을 빌려 와서는
손상 없이 반드시 돌려주어야 한다.

六不言淫媟戱慢評論女色이요 七不言求覓人物干索酒食이요
육불언음설희만 평론여색　　칠불언구멱인물 간색주식

又人付書信을 不可開坼沈滯요 與人幷座에 不可窺人私書요
우인부서신　　불가개탁침체　여인병좌　　불가규인사서

凡入人家에 不可看人文字요 凡借人物에 不可損壞不還이요
범입인가　　불가간인문자　범차인물　　불가손괴불환

• 淫媟戱慢(음설희만) : 음란하게 말하며 장난하다(희롱하다).
• 窺(규) : 엿보다.

13-10(3)

음식 먹을 때는 가려 먹지 말고
남과 같이 있을 때
자신만 편하려고 해서는 안 된다.
그릇된 꼼수를 부리지 말라.

남의 부유함과 귀함을 부러워하거나
남 잘사는 것을 헐뜯지 말라.
이런 몇 가지 일을 어기는 사람은
마음 쓰는 것이 바르지 못함을 충분히 알 것이다.

마음을 바르게 하고 몸을 닦는데도
더 크게 해로울 때가 있는 바이다.
그래서 이런 글을 써서 보며
스스로 경계하는 것이다.

凡喫飮食에 不可揀擇去取요 與人同處에 不可自擇便利요
범 끽음식　　불 가 간 택 거 취　　여 인 동 처　　불 가 자 택 편 리

凡人富貴를 不可歎羨詆毁니라. 凡此數事에 有犯之者면
범 인 부 귀　　불 가 탄 선 저 훼　　　　범 차 수 사　　유 범 지 자

足以見用心之不肖니 於正心修身에 大有所害라 因書以自警하노라.
족 이 견 용 심 지 불 초　　어 정 심 수 신　　대 유 소 해　　인 서 이 자 경

주해

• 揀擇(간택) : 가려서 택하다.
• 歎羨詆毁(탄선저훼) : 지나치게 부러워하고 욕하며 헐뜯다.

13-11

무왕이 강태공에게 물었다.
세상살이 어찌하여 귀하고 천하고
가난하고 부유함이 고르지 않습니까?
바라건대 당신의 설명을 듣고자 합니다.

태공이 말했다.
부유함과 귀함은 성인의 덕과 같아서
모두가 천명에서 비롯됩니다.
하늘이 정해 주신 것입니다.

그런데 부유한 사람은
쓰는 데 절도가 있고
부유하지 못한 사람은
그 집안에 열 가지 도둑이 있습니다.

武王問太公曰 人居世上에 何得貴賤貧富不等하고
무 왕 문 태 공 왈 인 거 세 상   하 득 귀 천 빈 부 부 등

願聞說之하여 欲知是矣이로다. 太公曰 富貴는 如聖人之德하여
원 문 설 지   욕 지 시 의   태 공 왈 부 귀   여 성 인 지 덕

皆由天命이어니와 富者는 用之有節하고 不富者는 家有十盜니이다.
개 유 천 명   부 자   용 지 유 절   불 부 자   가 유 십 도

주해

• 武王(무왕) : 주나라 문왕의 아들로 성은 희(姬), 이름은 발(發)이다. 스승인 강태공의 도움으로 은나라의 폭군 주왕을 몰아내고 주 왕조를 세웠다.
• 皆由天命(개유천명) : 다 하늘이 정해 준 까닭이 있다.
• 十盜(십도) : 열 가지 도둑.

150

13-12(1)

무왕이 말했다.

열 가지 도둑이란 것이 무엇입니까?

태공이 대답했다.

제때에 익은 곡식 거두지 않음이 첫 번째 도둑이요,

거둔 곡식 쌓아 두는 일을
끝내지 않음이 두 번째 도둑이며,
하는 일 없이 등불 켜 놓고
잠자는 것이 세 번째 도둑입니다.

게을러서 밭 갈지 않는 것은 네 번째 도둑이고,
공력 드리지 않는 것은 다섯 번째 도둑이요,
교활하고 해로운 짓거리만 하는 것은
여섯 번째 도둑입니다.

武王曰 何爲十盜닛고. 太公曰 時熟不收가 爲一盜요
무왕왈 하위십도　　　태공왈 시숙불수　　위일도

收積不了가 爲二盜요 無事燃燈寢睡가 爲三盜요 慵懶不耕이 爲四盜요
수적불료　위이도　무사연등침수　위삼도　용나불경　위사도

不施工力이 爲五盜요 專行巧害가 爲六盜요
불시공력　위오도　전행교해　위육도

주해··

• 時熟(시숙) : 제때에 익다.

• 慵懶(용나) : 게으르고 나태하다.

• 專行巧害(전행교해) : 교활하고 해로운 일을 제 마음대로 행하다.

13-12(2)

딸을 너무 많이 키우는 것은
일곱 번째 도둑이고,
낮잠 자고 일어나기를 게을리하는 것은
여덟 번째 도둑이요,

술을 탐내 마시고 환락을 탐하는 것은
아홉 번째 도둑이며,
다른 사람을 몹시 질투하는 것은
열 번째 도둑입니다.

이 열 가지 도둑에
하나라도 걸리면
그는 바로 이 시대의
도둑이 되는 것입니다.

養女太多가 爲七盜요 晝眠懶起가 爲八盜요 貪酒嗜慾이 爲九盜요
양녀태다   위칠도   주면나기   위팔도   탐주기욕   위구도

强行嫉妬가 爲十盜니이다.
강행질투   위십도

주해 •

• 貪酒嗜慾(탐주기욕) : 술을 탐내고 욕심을 즐기다.

152

무왕이 말했다.

집안에 열 가지 도둑이 없는데도

부자가 못 되는 까닭이 무엇입니까?

태공이 대답했다.

그런 집에는 반드시

삼모가 있게 마련입니다.

무왕이 말했다.

그 삼모라는 것은 또 무엇입니까?

태공이 말했다.

창고가 새거나 넘쳐도 돌보지 않아

쥐와 새가 몰려와

마구 먹어 대는 것이 첫 번째 모입니다.

武王曰 家無十盜而不富者는 何如닛고. 太公曰 人家에 必有三耗니이다.
무왕왈 가무십도이불부자 하여   태공왈 인가   필유삼모

武王曰 何名三耗닛고. 太公曰 倉庫漏濫不蓋하여 鼠雀亂食이
무왕왈 하명삼모   태공왈 창고루람불개   서작난식

爲一耗요
위일모

주해

• 三耗(삼모) : 세 가지 덜어 내는 것.
• 漏濫(루람) : 새거나 넘치다.
• 不蓋(불개) : 덮지 않다.
• 鼠雀(서작) : 쥐와 새.

13-13(2)

또 거둬들이고 씨 뿌리는 데
때를 놓치는 것이
두 번째 모이니
무엇이든 제때에 해야 합니다.

곡식을 흩뜨려 더럽히고
천하게 다루는 것이
바로 세 번째 모입니다.
곡식 소중한 줄을 알아야지요.

생각이 빈 쭉정이이면
창고도 살림도 자꾸 줄어들다가
끝내는 텅 비는
세 가지 원인이 되고 만다.

收種失時가 爲二耗요 抛撒米穀穢賤이 爲三耗니이다.
수종실시　위이모　포살미곡예천　위삼모

주해 ·

• 抛撒(포살) : 던지고 흩뜨리다.
• 穢賤(예천) : 더럽고 천박하다.

13-14(1)

무왕이 말했다.

집안에 삼모도 없는데

잘살지 못하는 까닭이 무엇입니까?

태공이 말했다.

그런 사람의 집에는 반드시

첫째, 잘못이 있고

둘째, 그릇됨이 있으며

셋째, 어리석음이 있습니다.

넷째, 과실이 있고

다섯째, 거스름이 있으며

여섯째, 상서롭지 못함이 있고

일곱째, 몸종 같은 천함이 있습니다.

武王曰 家無三耗而不富者는 何如닛고.
무왕왈 가무삼모이불부자   하여

太公曰 人家에 必有一錯二誤三痴四失五逆六不祥七奴
태공왈 인가   필유일착이오삼치사실오역육불상칠노

주해

• 錯(착) : 어긋나다.
• 痴(치) : 미련하다.
• 不祥(불상) : 좋지 않다.

여덟째, 비천함이 있고
아홉째, 어리석음이 있으며
열째, 너무 강해서 스스로
재앙을 부르는 것입니다.

그러니 하늘이 재앙을 내린 것이
아니라는 말씀입니다.
이런 열 가지 때문에
삼모가 없어도 부자가 되지 못합니다.

백성이 가난한 것이 무슨 까닭인지
무왕이 궁금해한 것을 통해
그만큼 백성을 사랑한 군자임을
엿볼 수 있다.

八賤九愚十强하여 自招其禍요 非天降殃이니다.
팔 천 구 우 십 강   자 초 기 화   비 천 강 앙

주해

• 强(강) : 억지를 부리다, 뻔뻔하다.
• 降殃(강앙) : 재앙을 내리다.

무왕이 말했다.
좀 더 구체적으로 그 내용을 듣고 싶습니다.
태공이 말했다.
아들을 키우면서 가르치지 못한 것이 첫 번째 잘못이요,

아주 어릴 때부터 훈계하지 않는 것이
두 번째 그릇됨이며.
처음 신부를 맞아들여 엄하게 가르치지 않는 것이
세 번째 어리석음입니다.

말도 꺼내기 전에 웃는 것이 네 번째 과실이고,
어버이를 봉양하지 않는 것이 다섯 번째 거스름이며.
밤에 알몸으로 일어나는 것이
여섯 번째 상서롭지 못함입니다.

武王曰 願悉聞之하나이다. 太公曰 養男不教訓이 爲一錯이요
무왕왈 원실문지   태공왈 양남불교훈   위일착

嬰孩不訓이 爲二誤요 初迎新婦不行嚴訓이 爲三痴요 未語先笑가
영해불훈   위이오   초영신부불행엄훈   위삼치   미어선소

爲四失이요 不養父母가 爲五逆이요 夜起赤身이 爲六不祥이요
위사실   불양부모   위오역   야기적신   위육불상

• 悉(실) : 자세히, 모두.
• 嬰孩(영해) : 어린아이.

13-15(2)

남의 활을 당기기 좋아하는 것이
일곱 번째 상스러움이며,
남의 말을 타기 좋아하는 것이
여덟 번째 천박함입니다.

남의 술을 마시면서 남에게 권하는 것이
아홉 번째 어리석음이요,
다른 이의 밥을 먹으면서 친구에게도
먹으라 권하는 것이 열 번째 강요입니다.

무왕이 말했다.
정말 아름다운 말씀이요
진실된 말씀입니다!
즐겨 들었습니다.

好挽他弓이 爲七奴요 愛騎他馬가 爲八賤이요 喫他酒勸他人이 爲九愚요
호만타궁   위칠노   애기타마   위팔천   끽타주권타인   위구우

喫他飯命朋友가 爲十强이니다. 武王曰 甚美誠哉라 是言也여.
끽타반명붕우   위십강   무왕왈 심미성재   시언야

주해

• 挽(만) : 당기다.
• 騎(기) : 말을 타다.

제14편

치정편 治政篇

정치는 사람을 다스리는 것이 아니라
사람을 섬기는 진실된 정성이다.
벼슬아치는 나랏일을 하는 머슴이요
봉록은 그 세경으로 밥 먹는 것이다.

공직자는 나라를 다스리는 것이 아니라
나라의 일꾼으로서 직분을 서로 나누어
온몸 다 바쳐서 섬기는 사람이다.
그러니 맡은 직분에 충실해야 한다.

그 나라의 문화 수준은
공무원의 임무 수행 자세에 있다.
섬기는 자가 국민을 상전으로 알고
성실하게 충성하는 것이 정치이다.

14-1

명도 선생이 말했다.
벼슬길에 처음 들어선 선비라도
진실로 물건을 아끼는 일에
마음을 두어야 한다.

그러면 반드시 다른 사람에게
구제할 만한 일이 생길 것이다.
관직은 일명에서 구명까지 등급이 있는데
첫 관직이 일명이다.

풋내기 관직자는 때가 묻지 않고
진실하고 순수해서
성심껏 일하면 앞날이 환하게 펼쳐진다 믿고
그런 마음으로 벼슬살이하면 앞이 열린다.

明道先生曰 一命之士라도 苟存心於愛物이면 於人에 必有所濟니라.
명도선생왈 일명지사   구존심어애물   어인   필유소제

• 明道(명도) : 중국 북송의 사상가로 이름은 호(顥), 자는 백순(伯淳)이고 명도는 호이다. 송나
  라의 성리학이 발전하는 데 크게 공헌했다.
• 一命之士(일명지사) : 관직은 일명에서 구명까지 있는데 그중 첫 벼슬자리이다.
• 存心(존심) : 마음을 두어야 한다.
• 所濟(소제) : 구제할 만한 일이다.

14-2

당나라 태종의 어제에 이런 말이 있다.

위에는 지휘하는 이가 있고

중간에는 그에 따라

다스리는 벼슬아치가 있다.

그 아래로는 이에 따르는 백성이 있고

예물로 받은 비단으로 옷 지어 입으며

곳간에 둔 곡식으로는

밥을 지어 먹고 있다.

너의 녹봉은 바로 백성의 기름이다.

아래 백성은 학대하기 쉽지만

위에 있는 저 푸른 하늘은

속이기가 어렵다.

唐太宗御製云 上有麾之하고 中有乘之하고 下有附之하여 幣帛衣之요
당태종어제운 상유휘지   중유승지   하유부지   폐백의지

倉廩食之하니 爾俸爾祿이 民膏民脂니라. 下民은 易虐이어니와
창름식지   이봉이록   민고민지   하민   이학

上蒼은 難欺니라.
상창   난기

주해

• 唐太宗(당태종) : 중국 당나라 2대 황제로 이름은 이세민(李世民)이다. 아버지 이연(李淵)을
  도와 수나라를 멸하고 당을 세웠다. 천하를 평정한 후 현명한 신하들을 기용하고 관제를 정비
  하며 부역과 형벌을 줄이는 등 과감한 개혁 정치를 펼쳤다.
• 麾之(휘지) : 지휘하다.   • 乘之(승지) : 타다, 다스리다.
• 附之(부지) : 덧붙이다, 따르다.   • 幣帛(폐백) : 비단.
• 易虐(이학) : 학대하기 쉽다.

14-3

『동몽훈』에 이런 말이 있다.
관직을 맡았을 때의 법도에는
세 가지가 있으니
청렴, 삼가는 것, 근면이 그것이다.

이 세 가지를 알면
몸가짐에 대해 알게 된다.
청렴도는 그 사람의 인품을 높이고
진실한 인격을 향기롭게 한다.

삼감으로써 그 사람의 겸허함을
만방에 알리니 신빙성이 깊다.
그리고 근면은 일의 결과에서
언제나 큰 점수를 얻게 한다.

童蒙訓曰 當官之法이 唯有三事하니 曰淸曰愼曰勤이라
동 몽 훈 왈 당 관 지 법   유 유 삼 사   왈 청 왈 신 왈 근

知此三者면 知所以持身矣니라.
지 차 삼 자   지 소 이 지 신 의

주해

• 童蒙訓(동몽훈) : 송나라의 여본중(呂本中)이 아이들을 가르치기 위해 지은 책으로 2권으로 되어 있다.
• 當官之法(당관지법) : 관직을 맡아서 지켜야 할 법도.
• 持身(지신) : 몸가짐.

관직을 맡은 벼슬아치는
반드시 심하게 성내는 것을 삼가라.
일에 옳지 않음이 있거든
마땅히 자상하게 처리하면 잘 들어맞는다.

만약 먼저 심하게 성내면
오직 스스로를 해칠 뿐이다.
어떻게 다른 사람을
해롭게 할 수 있겠는가!

수많은 사람을 상대하다 보면
화가 치밀 때가 얼마나 많겠는가.
그러나 잘 참아서 성내지 않고
심하게만 하지 않으면 잘하는 것이다.

當官者는 必以暴怒爲戒하여 事有不可어든 當詳處之면 必無不中이어니와
당관자   필이폭노위계   사유불가   당상처지   필무부중

若先暴怒면 只能自害라 豈能害人이리오.
약선폭노   지능자해   기능해인

 ·

• 暴怒(폭노) : 갑자기 화내다.
• 害人(해인) : 남을 해치다.

14-5

임금님 섬기기를
어버이 모시듯 하고
윗사람 섬기기를
형 모시듯 하라.

동료와 사귀기를
집안 사람에게 하듯 하고
여러 부하 벼슬아치 대하기를
제집 노복 대하듯 하라.

백성 사랑하기를 처자식처럼 하고
공무 집행을 내 집 일처럼 하라.
그런 뒤에라야 능히 내 마음을 다할 것이다.
지극함이 없으면 내 마음이 극진하지 못한 까닭이다.

事君을 如事親하며 事長官을 如事兄하며 與同僚를 如家人하며
사군   여사친   사장관   여사형   여동료   여가인

待群吏를 如奴僕하며 愛百姓을 如妻子하며 處官事를 如家事然後에
대군리   여노복   애백성   여처자   처관사   여가사연후

能盡吾之心이니 如有毫末不至면 皆吾心에 有所未盡也니라.
능진오지심   여유호말부지   개오심   유소미진야

주해 ● ·

• 群吏(군리) : 낮은 벼슬아치.
• 奴僕(노복) : 하인.
• 毫末(호말) : 털끝.
• 有所未盡(유소미진) : 다하지 못한 바가 있다.

14-6

누가 이천 선생에게 물었다.
현령을 보좌하는 주부가 하는 일을
현령이 못마땅해하면
어떻게 해야 합니까?

이천 선생이 말했다.
마땅히 성실한 마음으로 사람을 움직여야 한다.
현령과 주부가 화합하지 않으면
곧 사사로운 일로도 다투게 된다.

현령은 고을 어른이니 부형 섬기는 도리로
그를 섬겨 허물은 자기에게 돌리고
현령을 두려워하여 성실한 마음으로 하면
어찌 사람을 움직이지 못하겠는가!

或問 簿佐令者也이어늘 簿所欲爲를 令或不從이면 奈何잇고.
혹문 부좌령자야   부소욕위   영혹부종   내하

伊川先生曰 當以誠意動之니라. 今令與簿不和는 便是爭私意요
이천선생왈 당이성의동지   금령여부불화   변시쟁사의

令是邑之長이니 若能以事父兄之道로 事之하여 過則歸己하고
영시읍지장   약능이사부형지도   사지   과즉귀기

善則唯恐不歸於令하여 積此誠意면 豈有不動得人이리오.
선즉유공불귀어령   적차성의   기유부동득인

주해

• 簿(부) : 주부(문서를 다루는 벼슬아치).   • 佐(좌) : 보좌하다.
• 令(령) : 현령(현을 다스리는 관리).   • 奈何(내하) : 어떻게 하겠는가?

166

14-7

유안례가 백성을 대하는 도리를 묻자
명도 선생이 말했다.
백성이 각각 스스로
자기 뜻을 펴게 할 것이다.

또 부하 벼슬아치를 거느리는
도리를 묻자 대답했다.
자신을 바르게 해서
사물을 바르게 하는 것이다.

14-8

『포박자』에 이런 말이 있다.
도끼 맞을 각오로 바르게 간언하고
솥에 삶는다 해도 할 말 다 하면
이런 이를 충신이라 할 수 있다.

劉安禮問臨民한데 明道先生曰 使民各得輸其情이니라.
유안례문림민　　　명도선생왈 사민각득수기정

問御吏한데 曰 正己以格物이니라.
문어리　　　왈 정기이격물

抱朴子曰 迎斧鉞而正諫하며 據鼎鑊而盡言이면 此謂忠臣也니라.
포박자왈 영부월이정간　　　거정확이진언　　　차위충신야

주해

• 劉安禮(유안례) : 중국 북송의 학자로 자는 원소(元素)이다.
• 輸(수) : 전달하다, 펴다, 이루다.　　　• 御吏(어리) : 아전을 거느리다.
• 格物(격물) : 물건을 바르게 하다.
• 抱朴子(포박자) : 중국 동진 시대의 학자인 갈홍(葛洪)이 지은 책으로 신선 방약(神仙方藥)과 불로장수의 비법에 관한 내용을 담고 있다.
• 斧鉞(부월) : 도끼.　　　• 據(거) : 넣다.　　　• 鼎鑊(정확) : 가마솥.

제15편

치가편 治家篇

이제는 가정을 다스리는 것이 아니라
돌보고 사랑하며 따뜻한 마음들이
가족이 되어 아름다운 삶을 담아내는
큼직하고 넉넉한 그릇이 되어야 한다.

가정은 효도의 모판이자 원친이며 사랑의 교실로
사회 속에 역사 속에 얼굴을 드는
세상에서 가장 행복한 곳이라야 한다.
그 일을 위해 부름 받은 이들이 가족이다.

수신제가의 버거운 시대를 이겨 내고
내일의 태양이 뜨는 봄 언덕이
바로 우리의 가정이요
나라의 일꾼을 키워 내는 온상이다.

15-1 사마온공이 말했다.
낮은 자리 사람이나
아직 어린 사람은
크든 작든 가리지 말고 여쭈어라.

제멋대로 하지 말고
반드시 집안 어른에게
말씀드리고 여쭤 봐야 한다.
제멋대로 하는 것이 불효이다.

15-2 손님 접대는 넉넉하게
하지 않을 수 없고
살림살이는 검소하게
하지 않을 수 없다.

司馬溫公曰 凡諸卑幼는 事無大小하고 毋得專行하며 必咨稟於家長이니라.
사마온공왈 범제비유　사무대소　　　무득전행　　　필자품어가장

待客은 不得不豊이요 治家는 不得不儉이니라.
대객　부득불풍　　　치가　부득불검

주해

• 卑幼(비유) : 손아랫사람, 어린 사람.
• 咨稟(자품) : 윗사람에게 물어보다.
• 不得不(부득불) : ~하지 않을 수 없다, ~해야 한다.
• 豊(풍) : 풍성하다, 넉넉하다.

15-3 태공이 말했다.
어리석은 사람은
아내를 두려워하고
현명한 여자는 남편을 공경한다.

아내의 말끝에 감정을 달고
사막으로 내몰아 가는 사람 불쌍하며
슬기로운 아내는 남편을
하늘처럼 받들고 존경한다.

15-4 보통 노복을 부릴 때는
먼저 그들의 배고픔을 살피고
그들의 추위를 생각하여
몸도 마음도 따뜻하게 해 주어야 한다.

太公曰 痴人은 畏婦하고 賢女는 敬夫니라.
태공왈 치인   외부   현녀   경부

凡使奴僕에 先念飢寒이니라.
범사노복   선념기한

주해

• 痴(치) : 어리석은, 못난.
• 畏(외) : 두려워하다.
• 凡使(범사) : 보통 (사람을) 부릴 때.
• 飢寒(기한) : 굶주림과 추위.

15-5

자식이 효도하면
어버이가 즐겁고
집안이 화목하면
모든 일이 잘 이루어진다.

자식이 불효하면
어버이 심장에 고추장 담그고
집안이 불화하면
자식 심장에 고추장 담는다.

15-6

때때로 불나는 것을 막고
미리 살펴야 한다.
밤마다 도둑 드는 것을 방비하고
집안을 돌봐야 한다.

子孝雙親樂이오 家和萬事成이니라.
자 효 쌍 친 락   가 화 만 사 성

時時防火發하고 夜夜備賊來니라.
시 시 방 화 발   야 야 비 적 래

주해

• 子孝(자효) : 자식이 효도하면.
• 雙親(쌍친) : 양친, 부모.
• 時時(시시) : 때때로.
• 夜夜(야야) : 밤마다.
• 備(비) : 방비, 예비.

15-7

『경행록』에 이런 말이 있다.
아침저녁마다 이르고 늦음을 보아
가히 그 사람 집안이
흥하고 망하는 것을 점칠 수 있다.

가정 운영은 시간과 물질
그리고 이 두 가지를 다스리는
가족의 마음속 여백이
잘 말해 준다는 것이다.

15-8

문중자가 말했다.
시집가고 장가가면서
재물을 논하는 것은
오랑캐가 사는 법이다.

景行錄云 觀朝夕之早晏하여 可以卜人家之興替니라.
경 행 록 운 관 조 석 지 조 안   가 이 복 인 가 지 흥 체

文仲子曰 婚娶而論財는 夷虜之道也니라.
문 중 자 왈 혼 취 이 논 재   이 로 지 도 야

주해

• 부안(조안) : 이르고 늦고.
• 興替(흥체) : 흥하고 망하다.
• 文仲子(문중자) : 중국 수나라의 학자인 왕통(王通)을 말한다. 문제 때 '태평책'이라는 상소문
  을 올렸다가 권신들의 반대로 관직에서 물러났다. 그가 죽은 뒤 제자들이 문중자라고 불렀다.
• 婚娶(혼취) : 시집가고 장가가다.
• 夷虜(이로) : 오랑캐.

제16편

안의편安義篇

사람은 사람 사이에서 태어나
평생토록 사람들 사이에서 살아간다.
사람과의 관계가 생존의 조건이다.
사람과는 반드시 지켜야 할 의리가 있다.

부버의 '나와 너'는
존재의 원인에서 생존의 가치와 의미를 일깨워 준다.
공자님이 강조한 효도, 충성은
사람의 존재 의미를 강조하는 인간학이라 할 수 있다.

의리를 당연히 목숨 걸고 지켜 온
동양인의 생활철학은 인격의 됨됨이
그 인격의 수준을 일러 주고 있다.
동양 사상에서 특히 강조되는 것은 의리이다.

16-1 『안씨 가훈』에 이런 말이 있다.
백성이 있어야 부부가 있고
부부가 있어야 부자가 있으며
부자가 있어야 형제가 있다.

한 집안의 친속은
부부, 자식, 형제, 이 세 가지뿐이다.
여기서 비롯하여 구족에 이르기까지
모두 삼친에 뿌리를 두고 있다.

고조부모, 증조부모, 조부모, 부모, 자식, 손자,
증손, 현손, 고손까지가 구족이다.
형제, 종형제, 재종형제가 삼종형제이니
인륜에서 중요하고 돈독하게 지내야 한다.

顔氏家訓曰 夫有人民而後에 有夫婦하고 有夫婦而後에 有父子하고
안 씨 가 훈 왈 부 유 인 민 이 후   유 부 부   유 부 부 이 후   유 부 자

有父子而後에 有兄弟하니 一家之親은 此三者而已矣라. 自玆以往으로
유 부 자 이 후   유 형 제   일 가 지 친   차 삼 자 이 이 의   자 자 이 왕

至于九族이 皆本於三親焉故로 於人倫에 爲重也니 不可無篤이니라.
지 우 구 족   개 본 어 삼 친 언 고   어 인 륜   위 중 야   불 가 무 독

주해

- 顔氏家訓(안씨 가훈) : 중국 남북조 시대에 안지추(顔之推)가 지은 책으로 안씨의 가훈을 담고 있다. 안지추는 남조 양나라에서 산기시랑으로 있다가 나라가 망하자 북제로 도망가 황문시랑과 평원태수를 지냈다. 그 뒤 북주, 수나라에서도 벼슬을 했다. 이런 전란의 혼란 속에서 그는 자손에게 인생과 삶을 가르치려고 이 책을 썼다.
- 自玆以往(자자이왕) : 여기서부터 나아가.
- 九族(구족) : 일가 친족 전부.
- 三親(삼친) : 부부, 자식, 형제.
- 不可無(불가무) : ~하지 않으면 안 된다, ~해야 한다.

16-2

장자가 말했다.
형제는 손발 같고
부부는 의복 같으니
의복은 해어지면 새것을 입을 수 있다.

그러나 손발은 끊어져도
잇기가 어려워 그대로이다.
골육의 친척은 하늘이 내니
인연이 아니라 하늘의 뜻이다.

부부는 인연이니
사람끼리 만나서 사귀고
자식 낳고 살면서 가족이 되어
자손을 키워 천륜을 얻는다.

莊子曰 兄弟는 爲手足하고 夫婦는 爲衣服이니
장자왈 형제　　위수족　　　부부　　위의복

衣服破時엔 更得新이어니와 手足斷處엔 難可續이니라.
의복파시　　갱득신　　　　수족단처　　난가속

주해

• 破(파) : 깨트리다.
• 續(속) : 잇다, 이어 가다.

178

16-3

소동파가 말했다.
부유하다고 친하지 않고
가난하다고 멀리하지 않는
사람은 대장부이다.

부자라고 찾아가고
가난해서 물러나는 것은
사람 가운데
소인배인 것이다.

사람이 중요하지
재산이나 지위가
대단한 것이 아니다.
그러나 사람들은 그렇게 여기지 않는다.

蘇東坡云 富不親兮貧不疎는 此是人間大丈夫요
소동파운 부불친혜빈불소   차시인간대장부

富則進兮貧則退는 此是人間眞小輩니라.
부즉진혜빈즉퇴   차시인간진소배

• 貧則退(빈즉퇴) : 가난하다고 헤어져 물러나는 것.
• 小輩(소배) : 소인배.

제17편

준례편 遵禮篇

사람과 짐승이 다른 점은
예절이 확실하게 있다는 것이다.
사람이라도 예절을 버리면
짐승이나 다를 바가 없다.

공자님은 사람다운 짐의 최고 가치는
군자가 인(仁)한 정치를 하는 것이라 했다.
그것은 곧 예절 준수를 바탕에 두고
효도와 충성을 시행하는 것이라 했다.

예절이란 옷을 벗으면 곧 짐승이 된다.
감정도 본능도 예절로 다스리고
질서와 행정도 그 뿌리는 예절에 있다.
예절을 준수함으로써 사람의 얼굴이 있다.

공자님이 말씀하셨다.
한 집안에서 살아가는 데에는
바른 예의가 있으므로
어른과 아이의 분별이 있는 것이다.

규방에도 예의가 있으므로
부모, 형제, 자식, 삼족이 어울려
화목하게 살아간다.
이것이 가정 예의의 근본이다.

조정에도 예의가 있으므로
벼슬에 순서가 있다.
사냥에도 예의가 있으므로
군대의 일이 숙련되어 있다.

子曰 居家有禮故로 長幼辨하고 閨門有禮故로 三族和하고
자왈 거가유례고   장유변   규문유례고   삼족화

朝廷有禮故로 官爵序하고 田獵有禮故로
조정유례고   관작서   전렵유례고

주해 ●

• 閨門(규문) : 여자가 살고 있는 곳.
• 三族(삼족) : 아버지 쪽, 어머니 쪽, 아내 쪽 친척.
• 官爵(관작) : 관직과 그 작위.
• 田獵(전렵) : 사냥.

17-1(2)

병사가 군대에서 질서를 지키고
군사가 세련되고 익숙해지며
군율을 예의로 잘 지켜야 전쟁에 이긴다.
그런 군대라야 승리를 가져온다.

무공은 한순간에 생기는 것이 아니고
전쟁에서 숙련된 군대 정신과
조직으로 승리하여 생기는 것이
바로 무공이 된다.

예의는 사람에게
평안을 가져다주고
사람의 품격을 높이고 높여서
고귀하게 인도하는 힘이다.

戎事閑하고 軍旅有禮故로 武功成이니라.
융사한　　군려유례고　무공성

 주해

• 戎事(융사) : 전쟁에 관한 일, 군사, 병사.
• 軍旅(군려) : 군대.

17-2

공자님이 말씀하셨다.
만약 군자에게 용기만 있고
예의가 없으면
난리를 일으키게 된다.

소인에게 용기만 있고
예의가 없으면
도적이 되어
날뛸 것이다.

"군자는 용기를 숭상합니까?"라는
자로의 질문에
의로움을 최상으로 여긴다는
공자님의 말씀이 『논어』에 나온다.

子曰 君子有勇而無禮면 爲亂하고 小人有勇而無禮면 爲盜니라.
자 왈 군자유용이무례 위란   소인유용이무례 위도

주해

• 亂(란) : 혼란, 난리.
• 爲盜(위도) : 도둑이 되다.

17-3

증자가 말했다.

조정에는 벼슬만 한 것이 없고
마을에는 나이만 한 것이 없다.
그것은 예의 있는 곳이기 때문이다.

세상을 도우며
백성을 키우는 데는
덕만 한 것이 없다.
그것은 예의가 있기 때문이다.

예의는 의로움의 어머니이다.
예의 없는 의는 없기 때문이다.
예의 바른 나라의 행복이
얼마나 아름다운가를 모두 보아야 한다.

曾子·曰 朝廷엔 莫如爵이요 鄕黨엔 莫如齒요 輔世長民엔 莫如德이니라.
증자왈 조정　막여작　　향당　막여치　보세장민　막여덕

주해 ·

• 曾子(증자) : 중국 춘추 시대 노나라의 유학자로 이름은 삼(參), 자는 자여(子輿)이다. 아버지
　증석(曾晳)과 함께 공자에게 가르침을 받았으며, 효자로 유명했다.
• 鄕黨(향당) : 마을.
• 齒(치) : 나이.
• 輔世長民(보세장민) : 세상을 돕고 백성을 키우다.

17-4

늙은이와 젊은이
어른과 아이는
하늘이 나누어 놓은
절대적인 질서이다.

그러니 이치를 어기거나
도의를 손상해서는
안 될 일이다.
하늘이 준 천품이기 때문이다.

17-5

문을 나설 때는
귀한 손님을 만나듯이 하고
방 안에 들어설 때는
사람이 있는 것처럼 하라.

老少長幼는 天分秩序니 不可悖理而傷道也니라.
노 소 장 유   천 분 질 서   불 가 패 리 이 상 도 야

出門如見大賓하고 入室如有人이니라.
출 문 여 견 대 빈   입 실 여 유 인

* 悖理(패리) : 이치를 어기다, 잘못하다.
* 傷道(상도) : 도리를 상하게 하다.
* 大賓(대빈) : 큰 손님.
* 如有人(여유인) : 사람이 있는 것처럼 하다.

17-6
남이 나를 정중하게
대해 줄 것을 바란다면
내가 남을 정중하게 대하면
당연히 그렇게 될 것이다.

17-7
아버지는 아들의 덕을
말하지 말아야 할 것이며
자식은 아버지의 허물을
말하지 말아야 할 것이다.

부자간의 천륜이 있어서
사람의 생각으로 함부로 말하지 말고
천륜을 잘 이어받는 것이
하늘의 도리요 효도의 길이다.

若要人重我면 無過我重人이니라.
약요인중아   무과아중인

父不言子之德하고 子不談父之過니라.
부불언자지덕   자부담부지과

주해

• 要(요) : 바라다, 요구하다.
• 重(중) : 정중, 존중.
• 無過(무과) : ~에 지나지 않다.
• 不言(불언), 不談(부담) : 말하지 말라.

제18편

언어편 言語篇

말조심이 곧 교양 수준이며 인격이다.
그 사람이 말하는 것을 보면
그를 속속들이 알 수 있다.
거짓과 진실, 지식과 수양이 드러나기 때문이다.

말 한마디로 천 냥 빚을 갚는다는
옛말은 언제나 가치가 있다.
외교관의 말재주보다는
생활의 겸양을 보이는 말이 중요하다.

꾸며 낸 거짓말과 얼굴빛은
믿지 말아야 한다.
강조할수록 거짓이 용틀임한다.
언제나 말조심을 해야 한다.

18-1

유회가 말했다.
말이 이치에
맞지 않으면
말하지 않는 것만 못하다.

18-2

한 마디 말이
이치에 맞지 않으면
천 마디 말도
쓸모가 없다.

이치에 맞지 않는 말은
거짓말이든지
잘못 알고 있었든지
진리와 상식에 어긋난 것이다.

劉會曰 言不中理면 不如不言이니라.
유 회 왈 언 부 중 리   불 여 불 언

一言不中이면 千語無用이니라.
일 언 부 중   천 어 무 용

- 劉會(유회) : 알려지지 않은 인물이다.
- 不中(부중) : 맞지 않다.
- 不如(불여) : ~만 못하다.
- 千語(천어) : 천 마디 말.

군평이 말했다.

입과 혀는

재앙과 근심의 근본이며

자신을 망치는 도끼라 할 수 있다.

다른 사람을 이롭게 하는 말은

솜털처럼 따뜻하고

다른 사람을 상하게 하는 말은

가시처럼 날카롭다.

한마디 말은 천금과 같다.

그 한마디 말이

사람을 다치게 하면

칼로 베는 것과 마찬가지이다.

君平曰 口舌者는 禍患之門이요 滅身之斧也니라.
군평왈 구설자　　화환지문　　멸신지부야

利人之言은 煖如綿絮하고 傷人之語는 利如荊棘하니
이인지언　　난여면서　　상인지어　　이여형극

一言半句에 重值千金이요 一語傷人에 痛如刀割이니라.
일언반구　　중치천금　　일어상인　　통여도할

주해 ···

• 君平(군평) : 중국 전한 무제 때의 엄준(嚴遵)을 말한다.
• 禍患之門(화환지문) : 재앙과 근심의 문.
• 滅身之斧(멸신지부) : 몸을 망치는 도끼.
• 綿絮(면서) : 솜옷.
• 傷人(상인) : 남을 다치게 하다.

18-5

입은 사람을 상하게 하는
도끼요
말은 혀를 베는
칼이다.

입을 막고
혀를 깊이 감추면
몸은 어디에 두든지
편안하다.

도끼와 칼은
쓰지 않으면 녹슬고
쓰면 쓸수록 번쩍이며
사람을 망하게 하는 말이 된다.

口是傷人斧요 言是割舌刀니 閉口深藏舌이면 安身處處牢니라.
구 시 상 인 부   언 시 할 설 도   폐 구 심 장 설   안 신 처 처 뢰

• 藏(장) : 감추다, 숨기다.
• 牢(뢰) : 굳다.

193

18-6

사람을 만나 말할 때는
해야 할 말의 10분의 3만
해야 한다.
다 말해 버리면 실패한다.

한 조각 마음까지
모두 던져 버리고 나면
안 될 일이니
두 가지 마음을 알아야 한다.

호랑이 입이 세 개나 되어도
겁낼 것 없고
오직 사람들의 두 마음을
두려워해야 한다.

逢人且說三分話하되 未可全抛一片心이니
봉 인 차 설 삼 분 화   미 가 전 포 일 편 심

不怕虎生三個口요 只恐人情兩樣心이니라.
불 파 호 생 삼 개 구   지 공 인 정 양 양 심

 ●

• 逢(봉) : 만나다.
• 三分話(삼분화) : 10분의 3만 말하다.
• 抛(포) : 던지다.
• 怕(파) : 두렵다.
• 兩樣心(양양심) : 두 가지 모양의 마음, 두 마음.

18-7 술은 나를 알아주는
친구를 만나면
천 잔도 부족하고
만 잔이 있어도 좋다.

말은 뜻이 맞아야지
서로 뜻이 맞지 않으면
한 마디도 너무 많은 것이다.
뜻이 맞지 않으면 말하지 말아야 한다.

사실 술과 말은
매우 친한 것 같지만
그 진실한 뜻은 반대로
서로가 좋아하지 않는다.

酒逢知己千鐘少요 話不投機一句多니라.
주 봉 지 기 천 종 소   화 불 투 기 일 구 다

• 知己(지기) : 자기를 알아주는 친구.
• 鐘(종) : 술잔.
• 不投機(불투기) : 의기를 투합하지 않다.

제19편

교우편 交友篇

사람은 이 세상에서 혼자 살지 못한다.
하늘이 정해 준 골육, 친척, 형제나
인연 되어 만난 세상 친구는 서로가
신의를 지킬 때 아름다울 수 있다.

이권의 안목으로 친구를 사귄다면
그것은 우정이 아니라 사업이다.
사업이란 잘될 때도 있고
안 될 때도 있는 법이다.

그러나 우정의 신실함은
빙판 위에도 높푸른 솔이요
인생 사막 허허벌판에서도
꼿꼿이 선 우정의 진실이 있다.

19-1(1)

공자님이 말씀하셨다.
착한 사람과 함께 지내면
마치 향기 깊은 난초가
방 안에 있는 듯하다.

오랫동안 그 향기를 맡지 않아도
그 향기와 곧 동화될 것이다.
착하지 않은 사람과 함께 지내면
마치 생선 가게에 들어간 것 같다.

오랫동안 그 냄새를 맡지 않아도
그 냄새와 곧 동화될 것이다.
붉은 것을 지니면 자신도 붉어지고
검은 것을 지니면 자신도 검어진다.

子曰 與善人居에 如入芝蘭之室하여 久而不聞其香하되 卽與之化矣요
자왈 여선인거   여입지란지실   구이불문 기향   즉여지화 의

與不善人居에 如入鮑魚之肆하여 久而不聞其臭하되 亦與之化矣니
여부선인거   여입포어지사   구이부문기취   역여지화 의

丹之所藏者는 赤하고 漆之所藏者는 黑이라
단지소장자   적   칠지소장자   흑

주해

- 芝蘭(지란) : 영지와 난초.
- 與之化(여지화) : 더불어 동화되다.
- 臭(취) : 냄새, 냄새 맡다.
- 漆(칠) : 옻, 검은빛 물감 재료.
- 聞(문) : 냄새 맡다.
- 鮑魚之肆(포어지사) : 생선 가게.
- 丹(단) : 단사, 붉은빛 염료 재료.

19-1(2)

그래서 군자는 반드시
그가 있는 곳을
삼가서 택해야 한다.
사람은 환경의 영향을 받기 때문이다.

『열녀전』의 〈모의전(母儀傳)〉에는
맹모삼천(孟母三遷)에 대한 이야기가 나온다.
맹자가 홀어머니 밑에서 자랄 때
그 어머니의 교육열로 이사를 세 번 다녔다.

맹자는 공동묘지에서 묘지 파는 흉내를 내고
시장에서 물건 파는 흉내를 냈다.
그래서 맹모가 서당 근처로 이사 갔더니
맹자가 글 읽는 흉내를 내서 안심했다고 한다.

是以로 君子는 必愼其所與處者焉이니라.
시 이   군자   필 신 기 소 여 처 자 언

주해

• 必愼(필신) : 반드시 삼가야 한다.
• 所與處(소여처) : 있는 곳, 거처하는 곳.

19-2

『공자가어』에 이런 말이 있다.
배우기를 좋아하는 사람과
함께 가면 안개 속을 가는 것 같다.
비록 옷을 적시지 않아도 물기가 배어든다.

무식한 사람과 함께 가면
화장실에 앉아 있는 것 같다.
비록 옷을 더럽히지 않아도
냄새가 계속 나기 때문이다.

가까운 사람의 영향을 받게 마련이다.
공자님은 학문하는 사람을 최고로 여기고
늘 공부에 열중하며
책을 읽었다.

家語云 與好學人同行이면 如霧露中行하여 雖不濕衣라도 時時有潤하고
가 어 운　여 호 학 인 동 행　　여 무 로 중 행　　수 불 습 의　　시 시 유 윤

與無識人同行이면 如厠中坐하여 雖不汚衣라도 時時聞臭니라.
여 무 식 인 동 행　　여 측 중 좌　　수 불 오 의　　시 시 문 취

주해

• 霧露(무로) : 안개와 이슬.
• 濕(습) : 젖다.
• 潤(윤) : 배어들다, 윤택하다.
• 汚(오) : 더럽히다.

공자님이 말씀하셨다.
안평중은 사람들과 잘 사귀어
오랜 시간이 지나도
사람들이 그를 공경한다.

안평중, 곧 안영(晏嬰)은
이인자 행동미학의 귀감을 보여
결단력, 슬기, 해학이 넘치고
내치에 뛰어나 제갈공명이 극찬했다.

그래도 그는 30년간 단벌옷을 입고
반찬도 고기를 두 가지 이상 놓지 않는
검소한 삶을 살았으며
왕에게는 바르고 신중했다.

子曰 晏平仲은 善與人交로다. 久而敬之온여.
자왈 안평중   선여인교   구이경지

주해 •

• 與人交(여인교) : 남과 더불어 사귀다.
• 久而(구이) : 오랜 시간이 지나도.
• 敬之(경지) : (그를) 존경하다.

19-4

서로 아는 사람이
천하에 가득해도
마음을 알아주는 사람이
몇이나 되겠느냐.

『열자』의 〈탕문편(湯門篇)〉에
전국 시대 진의 대부 유백아(愈伯牙)의 이야기가 있다.
그는 거문고의 명수였는데
친구 종자기(鍾子期)가 그 거문고 소리를 이해하며 들어주었다.

종자기가 죽자 유백아는 거문고 줄을 뜯고
다시는 연주하지 않겠다 했다.
알아주는 이 없는데 무슨 연주란 말인가.
나를 알아주는 벗이 있다는 것은 큰 행복이다.

相識은 滿天下하되 知心은 能幾人가.
상식　　만천하　　　지심　　능기인

주해 •

• 幾人(기인) : 몇 사람.

19-5 술과 밥상에서 형, 아우 하는 이는
천 명이나 되었다.
그러나 급하고 어려울 때의 친구는
단 한 명도 없구나!

유종원이 죽고 나서 한유는
그 우정을 담은 글
〈유자후묘지명(柳子厚墓誌銘)〉을 남겼다.
어려울 때 참 의리를 지키는 벗이 진정한 벗이라 했다.

머리카락 하나의 이해관계나
함정에 빠져도 거들떠보지 않는 벗은 벗이 아니고
오랑캐나 짐승 사이와 같은
관계일 뿐이라 했다.

酒食兄弟는 千個有로되 急難之朋은 一個無니라.
주 식 형 제   천 개 유   급 난 지 붕   일 개 무

주해 ·

• 急難之朋(급난지붕) : 다급하고 어려울 때 도와주는 친구.

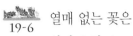

19-6

열매 없는 꽃은
심지도 말고
의리 없는 친구는
사귀지도 말라.

돈주머니 그득할 때는
수천 명 친구가 들락거리다가
탕자가 거지 되니
돼지우리에 갔다는 이야기이다.

친구는 목숨을 함께하고
고난도 영광도 같이하는
내가 먼저 친구가 되어야지
친구 되라고 강요할 수는 없다.

不結子花는 休要種이요 無義之朋은 不可交니라.
불 결 자 화　　휴 요 종　　　무 의 지 붕　　불 가 교

 ● ·

• 子花(자화) : 씨와 꽃.
• 休要(휴요) : ~하지 말라, ~할 필요 없다.

19-7 군자의 사귐은
물처럼 담박하고
소인의 사귐은
단술처럼 달콤하다.

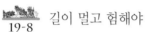

19-8 길이 멀고 험해야
말의 힘을 알 수 있고
날수가 오래 지나야
사람의 마음을 알 수 있다.

군자는 이해관계로는
사귀지 않고
수어지교(水魚之交)와 시도지교(市道之交)가
엄청나게 다른 것이다.

君子之交는 淡如水하고 小人之交는 甘若醴니라.
군 자 지 교   담 여 수   소 인 지 교   감 약 례

路遙知馬力이요 日久見人心이니라.
노 요 지 마 력   일 구 견 인 심

 주해 ●

• 淡(담) : 담박하다, 담담하다.
• 醴(례) : 단술.
• 遙(요) : 멀다.
• 日久(일구) : 날수가 오래 지나다.

제20편

부행편 婦行篇

현숙한 여성은
향기로운 꽃으로 어버이를 즐겁게 하다
지아비를 만나면 천하의 인물로 내세우고
자식을 키워 나라의 기둥으로 세운다.

그런 여성의 덕이 세상을 밝게 하고
그 슬기와 겸손, 부지런함을
밤낮으로 이어 가며 가정을 지키고
사랑의 진실을 향기롭게 남긴다.

성실함은 강물 되어 흐르고
믿음은 큰 산줄기로 언제나 버티어 있고
사랑은 하늘 높이 채워 나가는 힘이 되고
소망은 가정과 사회의 길을 편다.

20-1 『익지서』에 이런 말이 있다.

여성에게는
네 가지 아름다운 덕목이 있으니
첫째는 부덕이다.

여성의 부덕은 늘 후하고
향기로운 이야기를 가꾸며
삶은 따뜻하고 물결치는
여성만의 아름다운 심성이 있다.

둘째는 아름다운 얼굴, 즉 부용이고
셋째는 나긋한 말씨, 즉 부언이며
넷째는 부지런한 솜씨, 즉 부공이다.
여성의 손길이 닿아야 아름다운 매듭이 생긴다.

益智書云 女有四德之譽하니 一曰婦德이요 二曰婦容이요
익지서운 여유사덕지예   일왈부덕   이왈부용

三曰婦言이요 四曰婦工也니라.
삼왈부언   사왈부공야

주해 •

• 四德(사덕) : 네 가지 덕, 즉 부덕, 부용, 부언, 부공.
• 婦容(부용) : 여성의 용모.
• 婦工(부공) : 길쌈, 음식 등의 재주.

20-2

부인으로서 여성의 덕은
반드시 재주와 이름이 뛰어나지 않아도
덕스러운 일을 이루어 낸다.
부용은 얼굴만 예쁜 것이 아니라 그 자태가 곱다.

부언은 반드시 말솜씨가 뛰어나
말 잘하는 것이 아니라
사람을 즐겁고 이롭게 하는
아름다운 언어를 가지고 있다.

부공은 음식이나 뜨개질이나
손끝 닿는 곳마다 아름다움으로
가득히 빛을 나타내는데,
꼭 남보다 손재주 뛰어나서 그런 것만은 아니다.

婦德者는 不必才名絶異요 婦容者는 不必顏色美麗요
부덕 자　 불 필 재 명 절 이　 부 용 자　 불 필 안 색 미 려

婦言者는 不必辯口利詞요 婦工者는 不必技巧過人也니라.
부언 자　 불 필 변 구 리 사　 부 공 자　 불 필 기 교 과 인 야

주해

• 不必(불필) : 반드시 ~가 아니다.
• 絶異(절이) : 남다르게 뛰어나다.
• 辯口(변구) : 말솜씨가 좋다.
• 利詞(리사) : 말을 잘하다.
• 過人(과인) : 남보다 뛰어나다.

20-3(1) 부덕은 깨끗하고 절개가 곧으며
염치와 절도가 있어
제 푼수를 지키면서
마음을 바르게 가다듬는 것이다.

행동거지에 부끄러움이 있고
움직임에는 법도가 있으니
이것이 부덕이요
부녀의 덕성이 된다.

부용은 먼지나 때를
깨끗이 씻어 내고
옷차림을 청결하게 하며
목욕을 때맞춰 하는 것이다.

其婦德者는 淸貞廉節하여 守分整齊하고
기부덕자   청정렴절   수분정제

行止有恥하며 動靜有法이니 此爲婦德也요
행지유치   동정유법   차위부덕야

婦容者는 洗浣塵垢하여 衣服鮮潔하며 沐浴及時하여
부용자   세완진구   의복선결   목욕급시

주해

• 淸貞(청정) : 맑고 곧다.
• 廉節(렴절) : 염치와 절개.
• 守分(수분) : 푼수를 지키다.
• 整齊(정제) : 단정하고 가지런하다.
• 行止(행지) : 몸가짐, 행동거지.

20-3(2)

여자가 제 몸의 더러움을 없애고
맑고 싱그럽게 하는 것이
바로 부용이 되는 것이다.
몸가짐이 부지런한 여성이다.

부언은 말을 가려서 하는 것이다.
예의에 어긋나는 말을 하지 않고
꼭 말해야 할 때만 말하며
남이 싫어하는 말은 하지 않는 것이다.

부공은 오로지 길쌈을 부지런히 하며
술 빚는 것만을 좋아하지 않고
좋은 맛을 갖추어
손님을 접대하는 것이다.

一身無穢니 此爲婦容也요 婦言者는 擇師而說하여 不談非禮하고
일신무예　　차위부용야　　부언자　　택사이설　　　부담비례

時然後言하여 人不厭其言이니 此爲婦言也요 婦工者는 專勤紡績하고
시연후언　　인불염기언　　　차위부언야　　부공자　　전근방적

勿好暈酒하며 供具甘旨하여 以奉賓客이니 此爲婦工也니라.
물호운주　　공구감지　　　이봉빈객　　　차위부공야

🌿주해 ‥‥

• 擇師(택사) : 말을 가리다.
• 專勤(전근) : 오직 부지런하다.
• 供具(공구) : 갖추어 구비하다.

• 不厭(불염) : 싫어하지 않다.
• 暈酒(운주) : 술을 빚다.
• 此爲(차위) : 이렇게 하는 것이.

20-3(3)

이러한 네 가지 덕목을
부녀자는 빠뜨려서는 안 된다.
이것을 행하는 것은 쉽고
그렇게 힘쓰는 것이 올바르다.

이것을 부지런히 따라 하는 것이
부녀자의 예절이다.
이 예절을 잘 배우고 부지런히 실천할 때
덕을 세울 수 있다.

부덕, 부용, 부언, 부공은
여성으로서의 향기를 내고
가정을 일구며
나라를 뒷받침하는 큰 일이다.

此四德者는 是婦人之所不可缺者라.
차 사 덕 자　시 부 인 지 소 불 가 결 자

爲之甚易하고 務之在正하니 依此而行이면 是爲婦節이니라.
위 지 심 이　　무 지 재 정　　의 차 이 행　　시 위 부 절

주해

• 不可缺者(불가결자) : 없어서는 안 되는 것.
• 爲之甚易(위지심이) : 하기가 매우 쉽다.
• 務之(무지) : 애쓰다.

213

20-4 태공이 말했다.
부인의 예절은
말소리가 반드시
가늘고 부드러워야 한다.

20-5 현명한 아내는
남편을 귀하게 만들고
못된 아내는
남편을 천하게 만든다.

어리숙한 총각이
어진 아내를 만나 살면
그 마을 유지가 되고
존경받는 인물이 된다.

太公曰 婦人之禮는 語必細니라.
태공왈 부인지례 어필세

賢婦는 令夫貴하고 惡婦는 令夫賤이니라.
현부 영부귀   악부 영부천

• 細(세) : 가늘다.
• 令夫貴(영부귀) : 남편으로 하여금 귀하게 되게 하다.

20-6
집안에 현명한
아내가 있으면
남편이 뜻밖의 재앙을
겪지 않는다.

20-7
현명한 여자는
육친을 화목하게 만들고
못된 여자는
육친의 화목을 깨뜨린다.

현숙한 아내는
하늘의 축복이 되고
사악한 아내는
가정의 재앙이 된다.

家有賢妻면 夫不遭橫禍니라.
가 유 현 처   부 불 조 횡 화

賢婦는 和六親하고 佞婦는 破六親이니라.
현 부   화 육 친   영 부   파 육 친

 주해 ●

• 遭(조) : 만나다.
• 橫禍(횡화) : 뜻밖의 재앙.
• 六親(육친) : 부모, 형제, 아내 등의 친척.
• 佞(영) : 아첨하다, 바르지 못하다, 간사하다.

제21편

증보편 增補篇

모자란 듯할 때 덧붙여
보탤 수 있는 것은 여백의 빛이다.
이 여백이 있어
세상은 각박하지 않고 여유를 누린다.

삶에서 마음 한 자락 깊은 곳에
여백을 지니고 미소 짓는 여유가
사람을 안정시키고
남을 더 부드럽게 만나게 한다.

바닥을 박박 긁으면서
날마다 투덜대는 사람은
여백이 없이 삭막할 수밖에 없다.
오늘도 여유를 즐기는 삶을 살자.

21-1(1) 『주역』에 이런 말이 있다.
착한 일이 쌓이지 않으면
유명하게 될 수 없으니
오늘 하루도 착하게 살자.

악한 일이 쌓이지 않으면
몸을 망치지 않을 것이니
오늘은 악의 일을 도모하지 말자.
저 찬란한 태양을 바라보자.

소인은 자질구레한 선행이
이롭지 않다고 하지 않는다.
그러면서 자질구레한 악행은
별로 해로움이 없다면서 버리지 않는다.

周易曰 善不積이면 不足以成名이요 惡不積이면 不足以滅身이어늘
주역왈 선부적   부족이성명   악부적   부족이멸신

小人은 以小善으로 爲无益而弗爲也하고 以小惡으로 爲无傷而弗去也니라.
소인   이소선   위무익이불위야   이소악   위무상이불거야

 •

• 不積(부적) : 쌓이지 않다.
• 小善(소선) : 자질구레한 선행.

그런 그릇된 생각으로 살면
악이 쌓여 가릴 수 없고
죄가 커지면
풀어서 내놓을 수 없게 된다.

『주역』〈계사전하(繫辭傳下)〉에 있는 이 말은
선은 이름을 빛내지만
악은 몸을 망친다는 교훈을 담고 있다.
아무리 작은 악이라도 버려야 한다.

선은 아무리 작은 것이라도
힘써 행해야 하고
악은 그 그림자라도
밟지 말아야 한다.

故로 惡積而不可掩이요 罪大而不可解니라.
고   악 적 이 불 가 엄   죄 대 이 불 가 해

주해
∙ 掩(엄) : 가리다.
∙ 解(해) : 풀어내다.

21-2

서리를 밟으면
단단한 얼음으로 얼어붙는다.
신하가 임금을 시해하고
세상을 어지럽히면 망한다.

아들이 자기 아버지를 죽이는 것은
하루아침이나 하루저녁에
이루어지는 일이 아니다.
그런 일이 생기는 원인이 쌓인 것이다.

이런 원인이 점점 쌓여서
그런 끔찍한 사건이 일어난다.
평소에 악은 그림자도 끼지 않도록
밝게 살아야 한다.

履霜하면 堅氷至하니 臣弑其君하며 子弑其父가 非一旦一夕之事이라
이상   견빙지   신시기군   자시기부   비일단일석지사

其由來者漸矣니라.
기유래자점의

주해 ●

• 履霜(이상) : 서리를 밟다.
• 堅氷(견빙) : 단단한 얼음.
• 弑(시) : 시해하다, 윗사람을 죽이다.
• 漸(점) : 점차 생기다.

제22편

팔반가팔수 八反歌八首

여기에 있는 여덟 개 노래는
효도가 인륜의 중심임을 외친다.
춘추 시대 노나라에 살았던
노래자(老萊子)는 효심이 지극했다.

어버이 봉양에 정성을 다하며
늘 때때옷 입고 어버이를 즐겁게 했다.
어버이 앞에서 재롱 떨고
천진난만한 얼굴로 효도했다.

어버이 진지 다 잡수시도록
갓난아이가 우는 모습을 하고
뒹굴기도 하여 즐겁게 해 드렸다.
오늘날은 이런 효자가 어찌 나오지 않는가.

22-1(1)

아이가 때로 내게 대들더라도
내 마음속에 즐거운 자락이
깔려 있음을 느끼고 있다.
그 천사 같은 아이는 귀엽기만 했다.

그런데 어버이가 나를
꾸짖고 노여워하면
내 마음은 달갑지 않고 섭섭했다.
마음속에 가라앉는 서운함이 있었다.

한쪽은 귀엽고 한쪽은 달갑지 않으니
아이를 대하는 것과
어버이를 대하는 마음의
차이가 어찌 그리 다른가.

幼兒가 或詈我하며 我心에 覺懽喜하고 父母가 嗔怒我하면 我心에
유아   혹리아   아심 각환희   부모 진노아   아심

反不甘이라. 一懽喜一不甘하니 待兒待父心何懸하고
반불감   일환희일불감   대아대부심하현

주6ㅐ •

• 詈我(리아) : 나를 꾸짖다(욕하다).
• 我心覺懽喜(아심각환희) : 내 마음속에 즐거운 자락이 깔려 있다.
• 懸(현) : 다르다.

22-1(2)

이럴 때 그대에게 권하노니
오늘 어버이의 화를 대하면
어버이를 아이로
바꿔 보아라.

입장을 귀여운 아이로 바꾸어
어버이가 고맙고 사랑스러운
아이의 모습으로 상대되면
달갑지 않던 생각이 달라진다.

아래로 자식 사랑이 크면 클수록
위로 어른에 대한 생각이 엷어지고
그래서 어버이가 꾸짖을 때
서운한 감정이 생기는 것이다.

勸君今日逢親怒어든 也應將親作兒看이니라.
권군금일봉친노   야응장친작아간

 ·

• 作兒看(작아간) : 아이를 바꿔 보다.

아이들이 천 마디 말을 해도 들으면서
언제나 싫어하지 않으니
자식 사랑이
그만큼 두텁구나!

그러나 어버이가 한 번
말을 꺼내면
쓸데없이 참견한다고 하네.
그것이 차별을 둔 까닭인가!

쓸데없이 참견하는 것이 아니라
사랑하는 마음에 이끌려서
그러는 것이니
어른 모신다는 생각으로 잘 들어라.

兒曹는 出千言하되 君聽常不厭하고 父母는 一開口하면 便道多閑管이라
아조   출천언   군청상불염   부모   일개구   편도다한관

非閑管親掛牽이라.
비 한 관 친 괘 견

주해

- 兒曹(아조) : 아이들.
- 閑管(한관) : 간섭하다.
- 掛牽(괘견) : 이끌어 주다, 가르쳐 주다.

22-2(2)

머리가 하얗도록 사셨기에
많은 것을 알고 경험하셨다네.
그대에게 권하노니
어른 모시는 마음으로 말씀을 들어라.

노인 말씀을 공경하여 받들고
젖내 나는 입으로
길고 짧은 것을 다투지 말라.
그냥 들어주는 자세가 필요하다네.

어버이 말씀을
잔소리로 여기고
그냥 덮어놓고 싫어하거나
막으려고만 하지 말라.

皓首白頭에 多諳練이라 勸君敬奉老人言하고 莫敎乳口爭長短하라.
호 수 백 두   다 암 련   권 군 경 봉 로 인 언   막 교 유 구 쟁 장 단

• 皓首(호수) : 흰머리.
• 諳練(암련) : 아주 익숙하다, 잘 알다.
• 敎(교) : ~로 하여금.

22-3(1)

아이의 오줌과 똥은 더러워도
마음으로 싫어하거나
거리끼지 않는데
제 자식 사랑하니까 그렇지!

그러나 늙으신 어버이의
눈물과 침이 떨어지면
싫어하고 미워하는
그 마음은 어떤가.

귀여운 아이와
존경하는 어른에 대한
차별 감정이
그렇게도 크게 다른가.

幼兒尿糞穢는 君心에 無厭忌로되 老親涕唾零은 反有憎嫌意니라.
유아뇨분예   군심   무염기   노친체타령   반유증혐의

 주해

• 尿糞穢(뇨분예) : 더러운 오줌과 똥.
• 厭忌(염기) : 싫어하고 꺼리다.
• 涕唾零(체타령) : 눈물과 침이 떨어지다.

22-3(2)

여섯 자 되는 그대의 몸이
어디서 나왔는가?
아버지의 정기와 어머니의 피로
그대 몸을 만드셨구나.

그대에게 권하노니
늙어 가는 어버이를 공경하고 대접하라.
효도의 첫걸음은
마음에 모시는 것이다.

젊으셨을 때
그대를 위하여
살과 피를 닳으셨다네.
그 은혜를 잊지 말라.

六尺軀來何處오 父精母血成汝體라 勸君敬待老來人하라.
육 척 구 래 하 처   부 정 모 혈 성 여 체   권 군 경 대 노 래 인

壯時爲爾筋骨敝니라.
장 시 위 이 근 골 폐

• 六尺軀(육척구) : 키가 여섯 자인 몸.
• 壯時(장시) : 젊었을 때.

230

22-4(1)

그대가 새벽마다
시장에 가서
밀떡과 쌀떡을
사는 것을 보았다네.

어버이에게 드린다는 말은
거의 못 들었고
아이들에게 준다는 말만
들렸다네.

어버이는 맛도 못 보셨는데
아이들은 벌써 배가 부르네.
가뭄에 아이는 배 터져 죽고
어른은 굶어서 죽는다는 말이 있었네.

看君晨入市하여 買餅又買餻하니
간 군 신 입 시   매 병 우 매 고

少聞供父母하고 多說供兒曹라
소 문 공 부 모   다 설 공 아 조

親未啖兒先飽하니
친 미 담 아 선 포

주해

• 晨(신) : 새벽.
• 餅(병) : 밀가루떡(빵).
• 餻(고) : 쌀떡.
• 啖(담) : 먹다.

22-4(2)

자식의 마음은
어버이 마음이 좋아하는
그 까닭을 어찌 알겠느냐.
좋아하는 것에 비하리요.

그대에게 권하노니
떡 살 돈을 내어
흰머리에 남은 세월을
어찌 효도하지 않으랴!

산다면 얼마나 더 사시겠느냐.
얼마 남지 않은 세월
어버이를 봉양해야지
어찌 제 자식만 먹이겠느냐.

子心이 不比親心好라 勸君多出買餠錢하여
자심   불비친심호   권군다출매병전

供養白頭光陰少하라.
공양백두광음소

주해

• 親心(친심) : 어버이 마음.
• 買餠錢(매병전) : 떡 살 돈.

22-5(1)

저잣거리에 있는
약방에는
오직 아이를 살찌우는
환약만 가득하구나!

어버이 튼튼하게 할
노인 건강 약은 없구나.
그게 무슨 까닭인가?
무슨 다른 이유가 있는가?

아이가 병들고
어버이도 병들면
아이를 치료하는 것이
더 다급한 것이냐.

市間賣藥肆에 惟有肥兒丸하고 未有壯親者하니 何故兩般看고
시간매약사　유유비아환　　미유장친자　　하고양반간

兒亦病親亦病에 醫兒不比醫親症이라
아역병친역병　의아불비의친증

• 賣藥肆(매약사) : 약을 파는 가게. 약방.
• 兩般(양반) : 두 가지.
• 症(증) : 병들다.

22-5(2)
어버이의 병환을 치료하는 것을
무엇에 비하리요!
그대 허벅지 살을 베어서라도 드려라.
그것은 곧 어버이가 주신 살덩이구나!

그대에게 권하노니
어서 어버이의
목숨을 보전하라.
어버이의 삶은 이것이 마지막일 수 있다네.

효도는 정성을 다해 섬기고
성심으로 모시며
생명을 지켜 드리는 것이다.
어버이의 병환부터 고쳐 드려야 한다.

割股라도 還是親的肉러니 勸君亟保雙親命하라.
할고   환시친적육   권군극보쌍친명

주해 •

• 割股(할고) : 허벅지 살을 베어.
• 亟(극) : 빨리.

잘살고 부귀를 누리면
어버이를 모시기가 쉽지만
어버이는 늘 편안한
마음만은 아니라네.

가난하고 천박하면
아이를 기르기가 어렵지만
아이는 배고픔과 추위를
겪지 않는다네.

아아 요즘 세상
이런 자식 있을까.
제 자식만 챙기지
어버이를 얼마나 돌보느냐.

富貴엔 養親易로되 親常有未安하고
부귀   양친역   친상유미안

貧賤엔 養兒難하되 兒不受饑寒이라.
빈천   양아난   아불수기한

주해 •

• 有未安(유미안) : 편안함만은 아니다.

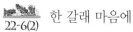

22-6(2)

한 갈래 마음에
두 갈래 길이 있으니
아이를 위하는 것은
끝까지 하지 않더냐!

어버이를 위하는 마음이
아이를 위하는 마음에 미치지 못한다.
그대에게 권하노니
어버이 봉양을 소홀히 하지 말라.

어버이 봉양을 아이 기르듯 하고
모든 일을 하는 데
집안이 넉넉지 않다고
미루지 말라.

一條心兩條路에 爲兒終不如爲父라
일조심양조로   위아종불여위부

勸君兩親을 如養兒하고 凡事를 莫推家不富하라.
권군양친   여양아   범사   막추가불부

• 一條心(일조심) : 한 갈래 마음.
• 兩條(양조) : 두 갈래.
• 推(추) : 핑계를 대다. 미루다.

22-7(1)

어버이를 받드는 일에는
두 분뿐인데
왜 언제나 형제들과
다투기만 하느냐.

아이를 키울 때는
열 명이라도
혼자 스스로
다 떠맡는구나!

아이가 배부른지
추운지 따뜻한지
늘 물어보고
관심을 가지는구나!

養親엔 只二人이로딕 常與兄弟爭하고 養兒엔 雖十人이나
양 친   지 이 인   상 여 형 제 쟁   양 아   수 십 인

君皆獨自任이라 兒飽煖親常問하되
군 개 독 자 임   아 포 난 친 상 문

주해 ···

• 只二人(지이인) : 두 분뿐이다.
• 雖十人(수십인) : 열 명이 있더라도.
• 自任(자임) : 자신이 책임지다.

237

22-7(2)

그러면 어버이가
배고픈지 추운지
왜 마음에 두지 않는가?
노인은 늘 춥고 배고픈데.

그대에게 권하노니
어버이를 봉양하는 데
모름지기 힘을 다하라.
정성이 효도의 지름길이라네.

처음부터
입는 것과 먹는 것을
그대에게 다 빼앗겼다네.
그렇게 정성껏 키웠다네.

父母饑寒不在心이라. 勸君養親을 須竭力하라.
부모 기한 부재 심   권군 양친   수 갈 력

當初衣食이 被君侵이니라.
당초 의 식   피군 침

주해

• 父母饑寒(부모기한) : 어버이가 배고픈지 추운지.
• 竭力(갈력) : 힘을 다하여, 힘껏.
• 被君侵(피군침) : 그대에게 빼앗기다.

22-8(1) 어버이는 지극히 자애로운데
그대는 그 은혜를
생각하지 않으니
자랄 때 받은 사랑을 잊었구나.

자식이 조금이라도
효도를 한다면
그대는 곧 그 이름이
찬란하게 빛날 것이네.

어버이를 대하는 것은
한밤같이 어둡고
아이를 대하는 것은
대낮같이 밝구나!

親有十分慈하되 君不念其恩하고 兒有一分孝하되 君就揚其名이라.
친 유 십 분 자　　군 불 념 기 은　　　아 유 일 분 효　　군 취 양 기 명

待親暗待兒明하니
대 친 암 대 아 명

 ·

• 慈(자) : 사랑, 자애.
• 揚(양) : 자랑하다, 날리다.

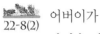

22-8(2)

어버이가
자식을 키우는 마음을
누가 알기나 하느냐.
돌아보면 서글픈 일이구나!

그대에게 권하노니
부질없이 자식의 효도를
믿지 말라.
세상 참 너무 달라졌구나!

그대는 바로
아이들의 어버이이고
또 어버이의 자식이다.
그대 차례가 곧 돌아오는구나!

誰識高堂養子心하고　勸君漫信兒曹孝하라.
수식고당양자심　　　권군만신아조효

兒曹親子在君身이니라.
아조친자재군신

• 漫信(만신) : 지나치게 믿다.

제23편

효행속편 孝行續篇

효도는 사랑의 진실이 가지는
뜨거운 가슴속의 정겨운 얼굴이다.
자식의 희생 없이는
효도는 그림의 떡일 뿐이다.

시간도 물질도 어버이 섬김에
그 정성을 다할 때 효도는 눈을 뜨고
아름답고 향기로운 효도 이야기가 남아
긴긴 세월 속에 빛나는 얼굴로 만나게 된다.

공자님은 효도가 인륜의 근본이요
모든 덕행과 인(仁)한 사회의 귀감이
바로 효도라고 가르치셨다.
사실 공자님은 효도할 기회가 별로 없었다.

* 공자는 3세 때 아버지를 여의고 24세 때 어머니가 병사하여 효도할
  기회가 많지 않았다.

『삼국유사』에 손순의 이야기가 있다.
손순은 남의 집 품팔이로
아이 하나, 아내와 홀어머니를 모시고 살았다.
밥이며 반찬을 늘 아이가 먹어 치웠다.

손순은 아내와 의논하여
아이는 다시 낳을 수 있으나 어머니는 한 분뿐이니
아이를 묻어 버리기로 했다.
뒷산으로 아이를 데려가서 땅을 팠다.

상머리에서 어머니의 밥과 반찬을 다 먹어 버리는
아이를 죽이려 한 것이다.
그런데 땅속에서 이상한 돌로 만든 종이 나왔다.
범상치 않은 일이었다.

孫順이 家貧하여 與其妻로 傭作人家以養母할새 有兒每奪母食이라
손순   가빈   여기처   용작인가이양모   유아매탈모식

順이 謂妻曰 兒奪母食하니 兒는 可得이어니와 母難再求라 하고
순   위처왈 아탈모식   아   가득   모난재구

乃負兒往歸醉山北郊하여 欲埋堀地러니 忽有甚奇石鐘이어늘
내부아왕귀취산북교   욕매굴지   홀유심기석종

주해 ·

• 孫順(손순) :『삼국유사』에 나오는 효자 이야기의 주인공.
• 傭作(용작) : 품팔이하다.
• 每奪(매탈) : 매번 빼앗다.
• 埋堀地(매굴지) : 땅을 파고 묻다.

23-1(2)

손순은 아이를 업고 종을 집으로 가져와서
대들보에 매달아 놓고 쳤다.
종소리는 은은하고 아름답게 멀리 울려 퍼졌다.
왕이 그 종소리를 들었다.

옛날에 곽거(郭巨)가 아들을 묻으려 하자
하늘이 금 솥을 내려 주었는데
오늘은 손순이 아이를 묻으려다가 돌 종을 얻었구나.
왕은 집 한 채와 매년 쌀 50섬을 하사했다.

효자 손순은 살던 집에 그 종을 달고
홍효사(弘孝寺)라 했는데
진성왕 때 후백제 도적 떼에게 종을 잃고
그 자리에 완호평(完乎坪)만 남았다.

驚怪試撞之하니 容容可愛라 妻曰 得此奇物은 殆兒之福이라
경 괴 시 당 지   용 용 가 애   처 왈 득 차 기 물   태 아 지 복

埋之不可하니 順이 以爲然하여 將兒與鐘還家하여 懸於樑撞之러니
매 지 불 가   순   이 위 연   장 아 여 종 환 가   현 어 량 당 지

王이 聞鐘聲이 淸遠異常 而覈聞其實하고 曰 昔에 郭巨埋子엔
왕   문 종 성 청 원 이 상 이 핵 문 기 실   왈 석   곽 거 매 자

天賜金釜러니 今孫順이 埋兒엔 地出石種하니 前後符同이라 하고
천 사 금 부   금 손 순   매 아 지 출 석 종   전 후 부 동

賜家一區하고 歲給米五十石하니라.
사 가 일 구   세 급 미 오 십 석

주해

• 懸於樑(현어량) : 대들보에 매달다.
• 覈(핵) : 조사하다.
• 符同(부동) : 부절처럼 꼭 맞다.
• 給(급) : 주다.

23-2 『삼국유사』에 담긴 이야기 한 토막이다.

웅천국(熊川國)의 상덕(尚德)이 사지(舍知) 벼슬을 지냈다.
그의 집이 너무 가난하여 생계가 어려웠는데
게다가 흉년, 전염병으로 어버이가 굶고 병들었다.

상덕은 밤낮으로 옷도 벗지 않고
정성껏 어버이를 모시며 안심시키고 위로해 드렸다.
봉양할 것이 없어 자신의 허벅지 살을 베어 고기를 드렸다.
어머니가 종기를 앓자 입으로 고름을 빨아내어 고쳤다.

신라 경덕왕이 이런 소식을 듣고
그 효심에 백성 모두가 칭송하자
벼 500섬을 상으로 내리고 그 아름다운 효행을 널리 기렸다.
그 집 정문에 깃발을 세우고 비석도 세워 기록을 남겼다.

尙德은 値年荒癘疫하여 父母飢病濱死라 尙德이 日夜不解衣하고
상덕   치년황려역   부모기병빈사   상덕   일야불해의

盡誠安慰하되 無以爲養이면 則刲髀肉食之하고 母發癰에 吮之卽瘉라
진성안위   무이위양   즉규비육식지   모발옹   연지즉유

王이 嘉之하여 賜賚甚厚하고 命旌其門하고 立石紀事하니라.
왕   가지   사뢰심후   명정기문   입석기사

주해

- 年荒(년황) : 흉년이 들다.
- 濱死(빈사) : 거의 죽게 되다.
- 發癰(발옹) : 종기가 나다.
- 賜賚(사뢰) : 내려주다.
- 癘疫(려역) : 전염병. 염병.
- 刲髀肉(규비육) : 넓적다리 살을 베다.
- 吮之(연지) : 입으로 빨다.

23-3(1) 도 씨는 가난했으나 효성이 지극했다.

숯을 팔아 고기를 사서 어머니 반찬으로 늘 드렸다.

어느 날 시장에서 늦게 귀가하는데 솔개가 고기를 채가 버렸다.

도 씨가 울며 집에 돌아오니 솔개가 고기를 던졌다.

훗날 어머니가 병이 났는데 홍시를 찾았다.

도 씨는 감나무밭을 방황하다 날이 저물고 호랑이가 나타났다.

호랑이가 등에 타라는 시늉을 하자 도 씨는 타고 100리를 갔다.

산속 집에서 쉬는데 제삿밥이 나오고 홍시가 있었다.

홍시의 출처를 물으니 자신의 이야기를 풀어냈다.

돌아가신 아버지가 감을 좋아해서

해마다 200여 개를 굴속에 보관했다 제사상에 올렸다 했다.

5월이면 완전한 것이 7, 8개밖에 없다 했다.

都氏家貧至孝라 賣炭買肉하여 無闕母饌이라. 一日은 於市에 晚而忙歸러니
도씨가빈지효　매탄매육　　무궐모찬　　일일　어시　만이망귀

鳶忽攫肉이어늘 都悲號至家하니 鳶旣投肉於庭이라. 一日은
연홀확육　도비호지가　　연기투육어정　　일일

母病索非時之紅柿어늘 都彷徨柿林하여 不覺日昏이러니 有虎屢遮前路하고
모병색비시지홍시　도방황시림　　불각일혼　　유호루차전로

以示乘意라. 都乘至百餘里山村하여 訪人家投宿이러니 俄而主人이
이시승의　도승지백여리산촌　　방인가투숙　　아이주인

饋祭飯而有紅柿라. 都喜問柿之來歷하고 且述己意한데 答日 亡父嗜柿故로
궤제반이유홍시　도희문시지래력　　차술기의　　답왈 망부기시고

每秋擇柿二百個하여 藏諸窟中而至此五月則完者不過七八이라.
매추택시이백개　　장제굴중이지차오월즉완자불과칠팔

주해

- 無闕母饌(무궐모찬) : 어머니 반찬을 빠뜨리지 않다.
- 攫(확) : 낚아채다.
- 俄而(아이) : 조금 뒤에, 얼마 후에.
- 忙(망) : 바쁘다.
- 屢遮(루차) : 여러 번 가로막다.
- 饋(궤) : 주다, 대접하다.

23-3(2)

그런데 이번에 홍시 50개를 얻었으니
평년과 달라 이상하다 했는데
하늘이 그대의 효성에 감동했기 때문이라고 했다.
그리고 20개를 주었다.

도 씨가 감사 인사를 하고 나서자
호랑이가 아직도 누운 채 기다리고 있었다.
다시 호랑이를 타고 오니 새벽닭이 울었다.
훗날 어머니는 천명을 다하고 돌아가셨다.

도 씨가 피눈물을 흘리며 상례를 치렀다.
어머니가 찾던 홍시를 호랑이 덕에
얻어다 드린 놀라운 이야기로
오늘까지 뜨겁게 효자를 칭송한다.

今得五十個完者故로 心異之러니 是天感君孝라 하고
금득오십개완자고   심이지   시천감군효

遺以二十顆어늘 都謝出門外하니 虎尙俟伏이라 乘至家하니
유이이십과   도사출문외   호상사복   승지가

曉鷄喔喔이러라. 後에 母以天命으로 終에 都有血淚러라.
효계악악   후   모이천명   종   도유혈루

주해

• 異之(이지) : 이상하게 여기다.
• 顆(과) : 낱개.
• 喔喔(악악) : 닭 우는 소리.

제24편

염의편 廉義篇

청렴결백하고 의로운 삶은
군자의 모습이요
인(仁)하고 덕망을 하늘같이 떠받드는 사람이
아무리 괴롭고 궁해도 추구하는 길이다.

솜 장사 인관과 곡식 팔아 솜을 산 서조가
솔개 때문에 한바탕 벌인
아름다운 양보 실랑이는
현대 사회에는 없는 훈훈한 전설이다.

가난한 홍기섭의 집에 도둑이 왔다가
끼니 없는 가난을 보고는
솥에 금 일곱 냥을 넣어 두고 간 이야기에는
동화보다 순수하고 아름다운 감동이 있다.

24-1(1)

시장에서 솜 장사를 하는 인관이
서조란 사람한테 솜을 팔았다.
서조가 솜을 가지고 집에 가는 길에
갑자기 나타난 솔개가 솜을 물고 가서 솜을 잃었다.

솔개는 솜을 인관의 집에 떨어뜨렸다.
그러나 인관은 솜을 서조에게 돌려주면서 말했다.
"솔개가 당신의 솜을 내 집에 던졌는데 돌려 드립니다."
서조는 솔개가 솜을 준 것은 하늘의 뜻이라고 했다.

이렇게 서로가 자기 것이 아니라며 돌려주려고 했다.
그러니 인관은 솜 값으로 받은 곡식을
다시 돌려주고 가려 했다.
이들의 실랑이가 계속되어 끝이 안 보였다.

印觀이 賣綿於市할새 有暑調者以穀買之而還이러니 有鳶이
인관　매면어시　　유서조자이곡매지이환　　유연

攫其綿하여 墮印觀家어늘 印觀이 取歸于暑調曰 鳶墮汝綿於吾家라
확기면　　타인관가　　인관　취귀우서조왈 연타여면어오가

故로 還汝하노라. 暑調曰 鳶이 攫綿與汝는 天也라 吾何爲受리오.
고　환여　　서조왈 연　확면여여　천야　오하위수

印觀曰 然則還汝穀하리라.
인관왈 연즉환여곡

주해

• 賣綿(매면) : 솜을 팔다.
• 墮(타) : 떨어뜨리다.

251

24-1(2)

서조가 말했다.
"내가 당신에게 곡식을 솜 값으로 준 뒤에
벌써 시장이 두 번이나 섰으니
곡식은 이미 당신 것이 된 것입니다."

서조는 곡식을 받지 않고 돌려보냈다.
인관도 곡식을 다시 돌려보내자
결국 곡식이 시장판에 버려졌다.
세상에 이런 사람들의 이야기가 있었다.

이 전설 같은 이야기를
시장 다스리는 관리가 임금에게 아뢰었다.
임금은 이 놀라운 백성을 둘 다 불러서
벼슬을 주어 나랏일을 하게 했다.

署調曰 吾與汝者市二日이니 穀已屬汝矣라 하고 二人이 相讓이라가
서조왈 오여여자시이일   곡이속여의   이인 상양

并棄於市하니 而歸掌市官이 以聞王하여 竝賜爵하니라.
병기어시   이귀장시관   이문왕   병사작

주해

• 相讓(상양) : 서로 사양하다.
• 并棄(병기) : 함께 버리다.
• 掌市官(장시관) : 시장 담당 관리.

홍기섭이란 선비가 젊었을 때의 이야기이다.
그는 집안이 너무 가난하여
정말 끼니가 간 곳 없는 형편이었다.
그래도 마음은 만석꾼의 여유를 누렸다.

하루는 아침에 어린 계집종이
고함을 치면서 뛰어들어 돈 일곱 냥을 보여 주었다.
"마님! 이게 부엌 솥 안에 있었어요.
이건 아주 큰 돈이에요.

이거면 쌀은 몇 섬이고
땔나무는 몇 바리나 됩니다.
이건 아마도 하늘이 내려주신 걸 거예요.
마님! 어떻게 해야 할까요?"

洪基燮이 少貧甚無料러니 一日무에 婢兒踊躍獻七兩錢曰 此在鼎中하니
홍 기 섭　소 빈 심 무 료　　일 일 조　　비 아 용 약 헌 칠 양 전 왈 차 재 정 중

米可數石이요 柴可數니 馱天賜天賜니이다.
미 가 수 석　　시 가 수　　태 천 사 천 사

주해 ⋅⋅

• 婢兒(비아) : 어린 계집종.
• 鼎中(정중) : 솥 안에.
• 柴(시) : 땔감.
• 馱(태) : 바리.

24-2(2)

홍 공은 적이 놀랐다.
"어찌된 돈인가?" 되뇌었다.
그리고 잠시 뒤 생각했다.
'이 돈을 잃은 사람은 얼마나 애태울까?'

그는 솜씨 좋은 글씨로 큼직하게
종이에 써서 문에다 붙였다.
'돈 잃은 사람은 와서 찾아가시오.'
집 앞을 지나던 사람들이 이 글을 보았다.

얼마 뒤에 유 씨 성을 가진 사람이
찾아와서 글의 뜻을 물었다.
홍 공은 그 돈의 출처와 사연을
자세히 말해 주었다.

公驚曰 是何金하고 卽書失金人推去等字하여 付之門楣而待러니
공경왈 시하금   즉서실금인추거등자   부지문미이대

俄而姓劉者는 來問書意어늘 公悉言之한대
아이성유자   래문서의   공실언지

• 推去(추거) : 찾아가다.
• 門楣(문미) : 문설주.

유 씨가 말을 다 듣고 나서
"이 세상 어느 누가 솥 안에 돈을 잃어버리겠습니까?
그런 일은 천하에 없을 것입니다.
과연 그 돈은 하늘이 내려 주신 것입니다!

그러니 주인장께서는 당연히 그 돈을 가지십시오.
하늘이 주신 것이 확실합니다.
기쁜 마음으로 가지십시오."
그리고 유 씨는 일어나 가려고 했다.

그러나 홍 공은 완강하게 거절했다.
"내 것이 아닌데 어찌하겠습니까?"
그러자 유 씨는 돌아서며 꿇어앉아
이렇게 말하며 눈물을 흘렸다.

劉曰 理無失金於人之鼎內하니 果天賜也라 蓋取之닛고 하니
유왈 리무실금어인지정내   과천사야   합 취지

公曰 非吾物에 何오.
공왈 비오물   하

• 蓋(합) : 어찌 ~하지 않느냐.

"사실은 소인이 어젯밤에 여기 와서
저 솥을 훔쳐 가려 했는데
집안을 보니 형편이 너무 쓸쓸하여
마음이 아팠습니다.

청렴하고 고매한 공의 평소 인품을 듣고
소인이 감동하여 솥 안에 돈을 두고 몰래 나갔습니다.
제가 앞으로는 도둑질하지 않고 늘 모시고 싶으니
걱정 마시고 받아 주십시오."

홍 공이 즉시 돈을 돌려주며 말했다.
"당신이 착한 사람이 된 것은 좋은 일이요.
그러나 이 돈은 받을 수 없습니다."
훗날 홍 공은 판서가 되었고 유 씨도 신임을 얻어 잘살았다.

劉俯伏曰 小的이 昨夜에 爲窃鼎來라가 還憐家勢蕭條而施之러니
유부복왈 소적   작야 위절정래   환 련 가세소조 이 시지

今感公之廉价하고 良心自發하여 誓不更盜하고 願欲常待하나니 勿應取之하소서.
금감공지염개   양심자발   서불경도   원욕상시   물려취지

公이 卽還金曰 汝之爲良 則善矣나 金不可取라 하고 終不受러라. 後에 公이
공 즉환금왈 여지위량 칙선의 금불가취   종불수   후 공

爲判書하고 其子在龍이 爲憲宗國舅하며 劉亦見信하여 身家大昌하니라.
위판서   기자재룡이 위헌종국구   유역견신   신가대창

• 小的(소적) : 소인.
• 蕭條(소조) : 쓸쓸하다.
• 金不可取(금불가취) : 돈을 가질 수 없다.
• 國舅(국구) : 임금의 장인.

• 爲窃(위절) : 도적질하려고.
• 廉价(염개) : 청렴한 절개.
• 爲判書(위판서) : 판서를 지내다.
• 大昌(대창) : 크게 번창하다.

24-3(1)

고구려 평원왕은 공주가 어렸을 때 잘 울어
달래면서 놀리며 말했다.
"자주 울면 바보 온달에게 시집보내겠다."
공주는 이 소리를 하루에도 몇 번씩 들으며 자랐다.

공주가 장성하여 상부 고 씨에게 시집보내려 하자
공주는 "아버님은 왜 식언을 하십니까?"
하고 말하며 고관 집과의 혼사를
굳이 사양했다.

마침내 공주는 자신의 패물을 가지고
온달을 찾아 산속으로 들어갔다.
공주는 이 산 저 산 다니며
온달을 찾아 헤맸다.

高句麗平原王之女幼時에 好啼러니 王戲日 以汝로 將歸于溫達하리라.
고구려 평원왕 지녀유시   호제   왕희왈 이여   상귀우온달

及長에 欲下嫁于上部高氏한대 女以王不可食言으로 固辭하고
급장   욕하가우상부고씨   여이왕불가식언   고사

終爲溫達之妻하다. 蓋溫達이 家貧하여 行乞養母러니 時人이
종위온달지처   개온달   가빈   행걸양모   시인

目爲愚溫達也러라.
목위우온달야

주해

• 平原王(평원왕) : 고구려의 25대 왕으로 재위 기간은 559~590년이다.

• 好啼(호제) : 울기를 잘하다. 울보.   • 歸(귀) : 시집보내다.

• 行乞(행걸) : 구걸하러 다니다.   • 目(목) : 가리키다.

24-3(2)

하루는 온달이 길도 없는 산속에서
느릅나무 껍질을 등에 지고
어머니가 계신 오두막으로 가다가 공주를 만났다.
공주는 첫눈에 알아보고 "제가 당신의 짝입니다."라고 했다.

공주는 가져온 패물을 팔아서
밭과 집, 살림살이를 마련하여
어느 귀족 못지않게 잘살았다.
공주는 말을 길러 온달에게 주었다.

온달은 말 타고 활 쏘는 연습을 잘하여
나라의 자랑스러운 장군이 되었다.
온달은 서울 동쪽 지역 한강이 굽어보이는
아차산의 전투에서 전사했다 한다.

一日은 溫達이 自山中으로 負楡皮而來하니 王女訪見曰
일 일   온 달   자 산 중   부 유 피 이 래   왕 녀 방 견 왈

吾乃子之匹也라 하고 乃賣首飾而買田宅器物하여
오 내 자 지 필 야   내 매 수 식 이 매 전 택 기 물

頗富하고 多養馬以資溫達하여 終爲顯榮하니라.
파 부   다 양 마 이 자 온 달   종 위 현 영

주해

• 楡皮(유피) : 느릅나무 껍질.
• 頗(파) : 제법, 꽤, 자못.
• 資(자) : 돕다.
• 顯榮(현영) : 이름이 드러나고 영예롭게 되다.

제25편

권학편 勸學篇

배움은 사람을 변화시키고
정신력을 길러 주며 능력을 배양한다.
그리고 인간의 품격을 높여서
인격적인 삶으로 이끌어 준다.

배움은 끊임없는 자기개발을 통해
새로운 존재로 거듭나고 자라게 한다.
배우지 못한 감정은 원시적 모습이니
인간을 주야로 개발해야 성숙하게 된다.

배우자. 교양과 지식으로 무장하자.
세상을 더 밝고 힘 있게 하자.
생존의 의미를 계속된 학습으로
더 높이 자라고 일어서자. 그리고 일하자.

25-1

주자가 말했다.

오늘 내가 배우지 않고서는

내일이 있다고 말하지 말라.

이는 배움을 내일로 미루지 말라는 의미이다.

올해 내가 배우지 않고서는

내년이 있다고 말하지 말라.

해와 달은 지나가 버리고

세월은 나를 위해 기다리지 않는다.

세월은 더디 가지 않는다.

누구도 믿지 말라.

아아 늙었구나.

이것은 누구의 허물인가.

朱文公曰 勿謂今日不學而有來日하며 勿謂今年不學而有來年하라.
주문공왈 물위금일불학이유래일   물위금년불학이유래년

日月逝矣나 歲不我延이니 嗚呼老矣라 是誰之愆고.
일월서의   세불아연   오호노의   시수지건

주해

• 日月(일월) : 시간, 세월.

• 逝(서) : 가다, 떠나다.

• 延(연) : 늦추다, 기다리다.

• 愆(건) : 잘못, 허물.

25-2 소년은 쉬이 늙어 가고
학문은 정말 이루기가 어렵다.
짧은 시간 1초라도
업신여기지 말라!

연못가에 자라는 봄풀도
채 꿈에서 깨어나지 못했는데
섬돌 앞 오동나무 잎은
그 넓은 허무로 가을 소리 내는구나!

소동파의 시 〈춘소(春宵)〉에도
봄밤의 일각이 천금 같다 하여
시간의 귀중함을 노래했는데
오늘 내가 살아 있는 이 순간이 영원하길 바란다.

少年은 易老하고 學難成하니 一寸光陰이라도 不可輕하라.
소년   이로   학난성   일촌광음   불가경

未覺池塘에 春草夢인데 階前梧葉이 已秋聲이라.
미각지당   춘초몽   계전오엽   이추성

주해

• 易老(이로) : 늙기 쉽다.
• 難成(난성) : 성공하기 어렵다, 이루기 어렵다.
• 光陰(광음) : 짧은 시간.
• 階前(계전) : 섬돌 앞.

25-3 도연명의 시에 이런 말이 있다.
젊음은 다시 오지 않고
하루에 새벽은 두 번 오지 않는다.
시간은 고무줄이 아니다.

젊을 때 마땅히
학문에 힘을 써야지
세월은 사람을
전혀 기다리지 않는다.

도연명은 벼슬하던 기간을
새장 속에 갇힌 새에 비유하여
여유를 누리지 못한 것을
한탄하는 시를 남기기도 했다.

陶淵明詩云 盛年은 不重來하고
도연명시운 성년   부중래

一日은 難再晨이니 及時當勉勵하라.
일일   난재신   급시당면려

歲月은 不待人이니라.
세월   부대인

- 陶淵明(도연명) : 중국 동진의 시인으로 이름은 잠(潛), 호는 오류선생(五柳先生)이고 연명은
  자이다. 팽택현(彭澤縣)의 현령이 되었으나 〈귀거래사〉를 남기고 관직에서 물러나 귀향했다.
  자연을 노래한 시가 많으며, 당나라 이후 육조(六朝) 최고의 시인이라 불린다.
- 盛年(성년) : 젊은 시절, 젊었을 때.
- 不重來(부중래) : 거듭 오지 않다.
- 難再晨(난재신) : 새벽이 두 번 오기 어렵다.

25-4

순자가 말했다.
발걸음을 이어 쌓지 않으면
천 리에 아무도 이르지 못하고
가고 싶은 곳에 가지 못한다.

작은 흐름을 쌓지 않으면
강물도 바다도
이룰 수가 없다.
쌓이고 모여서 이루어지는 것이다.

공자님의 제자 자로는
세상만사는 사소한 데서 비롯된다고 했다.
작다고 무시하면
아무도 큰 것을 이룰 수 없다고 했다.

荀子曰 不積蹞步면 無以至千里요
순자왈 부적규보   무이지천리

不積小流면 無以成江河니라.
부적소류   무이성강하

주해 •

• 蹞步(규보) : 발걸음.
• 不積小流(부적소류) : 작은 흐름도 쌓이지 않다.